新版
縄文聖地巡礼

ブックデザイン
本文構成・デザイン　ＴＳＴＪ

もくじ

なにを、どうつたえ、つくっていくのか　中沢新一……005
縄文とはなにか　中沢新一……015
プロローグ　三内丸山遺跡からはじまった、ふたりの旅……019
第一章　諏訪……023
第二章　若狭・敦賀……063
第三章　奈良・紀伊田辺……093
第四章　山口・鹿児島……131
第五章　青森……167
エピローグ　さらなる旅に向けて……200
旅のしおり……213

なにを、どうつたえ、つくっていくのか

中沢新一

2004年の秋から数年間かけて、ぼくは坂本龍一さんと一緒に、列島の各地に残る縄文遺跡を訪ねる、「巡礼」の旅をおこないました。日本列島に住んでいた先住民族のことをもっと知っておきたい、という彼の希望を受けての旅でした。

2001年にアメリカで起きた9・11の同時多発テロ事件の起こった直後から、坂本さんにはこの思いが強くなっていたようです。当時のメールにはこんなことが書かれています。「死ぬときは、母国語の通じるところで死にたいと思う。と同時に、日本人とはなにか？　もっと知りたいと思う。この列島に住んでいた先人たちのこと、当時の自然環境、彼らの暮らしのことをもっと知りたい。それを知らないと、いまの自分が見えてこない気がする」。

9・11は、グローバル化した資本主義に覆われていく世界の現状を、ぼくたちに強烈に見せつけました。その事件に衝撃を受けた坂本さんが、縄文の世界を知りたいと強く願ったというところが、いかにも彼らしい発想です。彼は現在の資本主義や国家の先に出てくるはずの、新しい世界の原理を求めていましたが、そのヒントが、商品経済ならぬ贈与経済で動き、国家を持たない縄文の世界にひそんでいる、と直感したのでした。

ぼくたちは、諏訪大社周辺の中期縄文の遺跡、若狭や敦賀の初期縄文遺跡、南紀田辺の南方熊楠邸、縄文人が初めて本州に上陸した大隅半島、青森県の晩

期の縄文遺跡などをめぐる旅に出かけました。それは文字どおり巡礼の旅でした。巡礼をすることで、人は自分の魂《たましい》の原郷に戻ろうとしますが、「日本人とは何か？」という問いをかかえて、ぼくたち二人は、原日本人たる縄文の「聖地」への巡礼を繰り返したのです。

最初に訪れた諏訪は、生と死の循環が感じられる聖地でした。縄文人は狩猟採集をおこなっていましたから、日々、動物を殺し、食べることによって、自分たちが生と死の循環の中にいることを強く意識していたはずです。ところが、現代人が食べている肉は、家畜を屠殺し、きれいに処理され、パックされたもの。スーパーで手軽に買えますが、そういう肉を何も考えずに食べていて生と死を実感できそうにはありません。

建物だってそうです。木や藁などの植物でつくられた住居は建て替えやこまめな補修が必要ですが、現代都市に建てられている鉄筋コンクリートの建物は、少々の雨風や地震にも耐えうる頑丈な設計が施されているので建て替える必要がありません。それでも数十年に１回はビルを壊し、そこにまた新しいビルを建てるのは、自然の循環に則った建て替えではなく、建設業界の資本の循環に則って建て替え、経済的な利益をえようとしているからです。ぼくと坂本さんが諏訪で実感した生と死の循環は自然の循環で、現代の資本の循環とは大きくかけ離れたものでした。真逆の方向の思考と言ってもいいでしょう。

逆方向の最先端にある建物が原子力発電所ではないでしょうか。原発でおこなわれている核分裂は、ある意味で循環を破壊してしまうエネルギー発散の技術です。次の生命体が生まれてこないどころか、ウランやプルトニウムから生ずる厄介な核廃棄物を生んでしまっています。その核廃棄物をもう一度原発の燃料に使えるように再処理しようとしている施設が、青森県六ヶ所村にある「六ヶ所再処理工場」です。坂本さんは「STOP ROKKASHO」という六ヶ所再処理工場の稼働を止めようと活動をおこなっていたように、原発や核について強く「NO」を掲げていました。

その青森に、三内丸山遺跡という今から約5000年前の縄文文化を象徴するような大規模な集落跡が残されています。近代文明の果てとしてある再処理工場と対極の建物が青森にあることは、未来を考えるうえで非常に示唆に富んでいます。

巡礼では、東日本大震災以前の東北をも、奥深く歩き回りました。ぼくの記憶によく残っているのは、二本松市の食堂での会話です。坂本さんは海岸の方角に目をやりながら、「向こうには、福島第一原発が立っているでしょう。そこに事故が起きたら、このあたりもひどい放射能汚染に見舞われることになるんだ」。数年後にはそのときの会話が具体的な現実になってしまいました。彼は縄文のことを考えながらも、同時に原発への不安を考えていたのです。

和歌山・田辺の南方熊楠邸を訪れたときの対話では、坂本さんは菌類について、「生物界と無生物界をつなぐものたちだから、そこがいちばん本質なんですよね。そこでぐるぐる輪廻がおこなわれているわけだから」と話した後、こう言いました。「ぼくは死んだら菌類に分解されて、次の生命の糧になりたいから、火葬に反対なんです。土葬にしてほしい」と。

埋葬のしかたは多様ですから、縄文時代はすべて土葬だったとは言い切れませんが、中期頃までは村落は円形につくられ、その中心に墓地がつくられていました。この集落のかたちは環太平洋圏ではいろいろな場所で見られ、アマゾンの先住民もこのかたちの集落をつくり、暮らしを営んでいました。夜になるとマンジョーカという芋でつくられた酒を飲んだり、幻覚作用のある植物を服用したりして、踊り始めます。土の下に眠る死者を呼び出すかのように激しくステップを踏みながら、夜通し踊るのです。アマゾン先住民の中では、死者の霊と生きている自分たちが一緒に踊っているという意識があるのでしょう。縄文人がそのような踊りを踊ったかどうかは不明ですが、東北の盆踊りは、仏教に取り込まれる以前の原型をとどめていて、死者と生者が一緒に踊るというアマゾン先住民と同様の意識が見られます。

縄文後期から弥生時代になると、墓地は集落の中心から山裾の方へ移っていきます。理由は定かではありませんが、おそらく生と死がもはや縄文時代のようには一体ではなくなり、距離を置くようになっていったからだと考えられます。自然にどっぷりとはまって生活していた縄文文化から、稲作を始めたことで自然がコントロールすべき対象となった弥生文化へ移行していったことがひとつの理由と考えられそうです。

　少し時をさかのぼります。ぼくが大学で助手を勤めていた頃、坂本さんはすでに「教授」でした。もちろんそれがインテリめいたところのある人を前にしたときの、音楽業界の人たちの好む揶揄《からかい》を含んだ、冗談の類にすぎないことはわかっていましたが、ぼくはその言い方になんとなく心落ち着かないものを感じていました。それというのも、ぼくがこの「教授」という名で呼ばれる人間類型に、奇妙な違和感を抱いていたからです。

　学生たちに向かって、体系的な知識を伝えることのできる人を教授と呼ぶというのが、たいがいの理解でしょう。だがまだ若かったぼくは生意気にも、体系的な知識を身につけることに労するよりも、まず独創的でありたいなどと考えていました。類例のない例外的な思考や事物の熱烈な愛好者だったぼくには、自分がいまに教授と呼ばれるような立場に立つことになろうとは、思いもかけないことでした。

　独創性と教授性とは、互いに相容れないものです。だからぼくは、ポップミュージックの世界に「教授」と呼ばれている人物がいることを知ったときには、なかなか複雑な思いにかられました。音楽では独創性が命です。そこに教授性が入り込んだりしたら、すべては台無しになってしまうと思ったのです。

しかし、「教授」と呼ばれた坂本龍一という人の創る音楽を聴いて、ぼくは自分の考えを改めなければならないと、つくづく悟ったものでした。その音楽はまぎれもなく独創的でした。けれども同時に、その人がやっている音楽はどこか本格的で、たしかな体系的なものにしっかりとつながっていたのです。この人の中では、独創性と教授性がうまく同居しあっていました。こいつはやられたな、というのが、その頃のぼくの正直な感想でした。

坂本さんの音楽に「原郷」というものがあるとすれば、縄文的な世界が地球上に広くつながっていた、「アフリカ的段階」の原音楽の世界でしょう。そのことは『音楽図鑑』のような初期のソロアルバムに、よくあらわれています。そこではアフリカン・リズムや中央アジアのメロディにたいする、強い関心がうかがわれます。その後この傾向は、西洋的な現代音楽への回帰によって見えにくくなりますが、耳を澄ませてみると、この原音楽が最後まで、彼の音楽の深部で鳴っているのを、聴き取ることができます。

戦前から戦後にかけての日本の「現代音楽」は、強烈な原始的リズムに向かおうとする「ストラヴィンスキー的」傾向（これは当然縄文派です）と、たおやかで朦朧とした、いわゆる日本的な音楽に向かおうとする「ドビュッシー的」

傾向（これは弥生派とも呼べます）との、二つの傾向の競合として発達してきました。前者を代表するのは、『ゴジラ』の映画音楽で知られる伊福部昭であり、後者を代表するのが、『七人の侍』の早坂文雄や『怪談』の武満徹です。

この分類でいうと、『戦場のメリークリスマス』や『シェルタリング・スカイ』の坂本さんは、当然ドビュッシー派に属することになるから、若いときに彼の中で活発だった「アフリカ的段階」の活動は、表面には出てこなくなります。じっさい晩年に向かうにつれて、この傾向は彼の音楽の中でますます強くなっていきます。

しかしその坂本さんは、9・11のあと同時に、自分の音楽的魂の深い地層に隠されている、縄文的なるものに触れることを、強く欲望したのです。心の奥に隠れている、縄文＝アフリカ的な原音楽を呼び覚ますことが、世界の混迷を超えていくための鍵を握っているにちがいない、と彼は考えていました。

坂本さんの音楽は、深部に「ストラヴィンスキー」を埋め込んである「ドビュッシー」として、自己形成をおこなったのだ、とぼくは考えています。その構造が、彼の音楽をユニークで魅力的なものにしているのです。そのうちストラヴィンスキーの部分を担っているのが、あらゆる日本人の魂に埋め込まれている、縄文的なるものの響きなのです。

そんな坂本さんと一緒に日本各地の縄文の聖地を歩き、未来を考えるための一つの材料となればと本にして残しているのですが、何かを伝えるということは簡単ではないと改めて感じました。

縄文時代はイニシエーション（成人儀礼）によって親世代から子世代へ、考え方や生き方を伝えていました。多くの縄文人が30歳代で亡くなっていますから、親から伝えられたことを展開していくための時間が親にも子どもにも少なく、現状を伝えることが精一杯だったはずで、生活の進歩はとてもゆっくりしたものだったと想像できます。

現代の日本人の寿命は縄文人の2倍以上に伸び、伝えられたことをベースにさまざまな展開が可能になっています。また、インターネットやSNSの発達によって、情報は親から子へ伝わるというよりも、見知らぬ他者の発信した情報が子どもたちの考え方や生き方を形成する時代にもなっています。親から子へ、人格を巻き込んで何かを伝えていくことがとても難しくなっているのです。

ただ、コンピュータの発達によって、子どもを取り巻く環境はドラスティックに変化し続けています。親子関係、家族関係も変化しつつあることは、ヨーロッパで養子を育てる親が増えていることからもうかがえます。家族は自然とできあがるものではなく、人為的につくるものになっていくのかもしれません。そうなると親から子へ考え方や生き方を伝える、その伝え方も変わってくるでしょう。

　何を、どう伝え、どんな未来をつくっていけばいいのか。それを考えるヒントが縄文の聖地に埋蔵されているのです。

　この旅をつうじて、ぼくは坂本さんのさまざまな知られざる内面を知って、この人のことがますます好きになりました。じつは、巡礼の旅に出るまでは、それほど仲のよい二人ではありませんでした。坂本さんは宗教を嫌っていた節があり、ぼくはどちらかというと宗教に近い人間でしたから、一緒に話をしたい、旅をしたいと思う間柄ではなかったのです。ただ、諏訪を起点に巡礼を続けていく中で、ぼくも坂本さんも、それまでお互いのことを、そうとうに誤解しあっていたと気づくようになりました。未来に対する不安から始まった巡礼の旅は、しだいに未来への希望を予感させるものに変わっていったのです。

　巡礼の旅の間に生まれた信頼からでしょうか、坂本さんは亡くなる数か月前に、「人はどうやって死ぬべきだろうか？」という質問を、私に送ってきました。私はそれに答えましたが、彼はきっと自分の信じるやり方で、最期の閾《しきい》を渡っていったのだと思います。

2023年12月　中沢新一

縄文とはなにか

中沢新一

これから坂本龍一さんとともに縄文的世界へ皆さんをご案内する旅をはじめますが、まず最初に、ぼくらがこの旅で「縄文」という言葉にどういう意味を込めようとしているのかについてお話ししたいと思います。縄文という言葉には、いろいろな意味があります。そもそもは明治時代になって、表面に縄（植物の繊維の束を撚《よ》ったもの）を押し付けた土器がたくさん発掘され、その文様から「縄文土器」と名づけられたのでした。

そのうちに縄文という言葉は、もっと広い意味をもつようになります。中国や朝鮮半島から渡ってきた人々が組織的な稲作文化を日本列島に運んできて、この列島の文化のかたちを大きく変えていき、やがて国家が誕生しましたが、国家がつくられる以前に、この列島に住んでいた人々の文化を総称して「縄文文化」と呼ぶようになったのです。

縄文土器の技術は、新石器時代に東南アジアを中心に広まったもので、縄文土器そのものは新石器文化のひとつのアイテムにすぎませんが、縄文文化のような文化は、この日本列島以外のところには見当たりません。日本列島に住んでいた、国家が生まれる前の人々の生活や自然観、心のあり方全体を含めて「縄文」と呼ぶとき、厳密に考古学的な意味とは別に、ひじょうに多様な意味を包摂する言葉になっています。坂本さんが長くアメリカに住み、9・11の事件に衝撃を受けて、資本主義あるいはグローバリズムの意味を真剣に考え直しはじめていたとき、ぼくも日本にいて9・11が象徴しているものを考え抜こうとしていました。そうしてふたりとも、日本の縄文がもっている重要性に気づくことになったのです。

9・11のときに問題になっていたものを、ぼくは「圧倒的な非対称」という言葉で言いあらわそうとしました。貧富の差が拡大し、富が少数の手のなかに集中している現代において、この富は貨幣というかたちで増殖しています。9・11の根底にあるものは、どうも貨幣というものがこの世界や人々の心を席巻していることと関係している。現代文明をつくっている価値は、「ものとものが等価交換できる」という考え方にもとづいています。その考え方は、哲学の言葉で言うと「他者」、もっと実感的な言い方をすると「死」にかかわることが排除されることによって起こります。私たちにとって死は、生きているうちにその世界をのぞくことはできないけれども、だれしもが体験しなければならないリアリティです。ところが私たちの世界は、死を自分のなかに取り込まないようになってしまっている。これが等価交換の原理と結びつき、けっして腐ったりも死んだりもしない、永遠の不死の存在のような貨幣が生まれ、ついにはもともと交換の道具だったはずの貨幣が主人公のような時代になってしまっています。

死の問題や他者の問題を排除したまま、ものとものとを交換し、しかも世界中に張りめぐらされたネットワークを通じて、短時間に大量の情報や価値が移動するようなシステムがつくられています。9・11の事件が露呈させたのは、国家原理と経済のシステムが一体となっているということです。このふたつが連動して、地球上にあるひとつのシステムを蔓延させている。そういう社会が、暗礁にのりあげているのが現代です。しかし、このままいけば、人類の未来は暗澹たるものになります。この現代を突き抜けていくために、どういう想像力や思考が必要なんだろうか。それが、この旅をとおして、坂本さんとぼくの共通のテーマでした。国家の先を考えるには、国家が生まれる前の状態の人間のものの考え方や感受性が、どういうものであったかを知る必要がある。そうして「縄文」へと引き寄せられていきました。

いまでは縄文と呼ばれている、おおよそ1万3000年〜3000年くらい前の時代、その世界を動かしている経済の原理は、等価交換ではなく贈与でした。ものを贈るときには必ず、目には見えないけれども人間の心にかかわる要素を、お互いが受け渡しをしています。贈与においては、ひとつとして同じものは存在せず、等価交換にはなりません。贈与は生命の働きと結びついていますから、不死でも不変でもありません。

最近の考古学の発掘調査によると、邪馬台国の誕生は、纏向《まきむく》の市場と深く関係していることがはっきりとわかってきました。つまり、市場というのは等価交換原理で動く空間であり、そこに国家が生まれているのです。しかし、それ以前、人々は国家をもたず、贈与経済で動いていく世界をつくっていました。

縄文時代の人々がつくった石器や土器、村落、神話的思考をたどっていくと、いまの世界をつくっているのとはちがう原理によって動く人間の世界というものを、リアルに見ることができます。私たちがグローバル化する資本主義や、それを支えている国家というものの向こうへ出ようとするとき、最高の通路になってくれるのが、この「縄文」なのではないでしょうか。古代への情緒的な幻想を求める旅をしているのではありません。これは、いま私たちが閉じ込められている世界、危機に瀕している世界の先に出ていくための、未来への旅なのです。

プロローグ

三内丸山遺跡からはじまった、ふたりの旅

9・11のあと、坂本さんは、親しい友人たちに送ったメールにこう書いていた。

死ぬときは、母国語の通じるところで死にたいと思う。
と同時に、日本人とは何か？
もっと知りたいと思う。
この列島に住んでいた先人たちのこと、
当時の自然環境、彼らの暮らしのことをもっと知りたい。
それを知らないと、いまの自分が見えてこない気がする。

２００４年、秋。「縄文人の記憶をたどりたい」と、坂本さんは青森へ旅をした。さらにアイヌの人々に会うため、北海道の阿寒《あかん》、上士幌《かみしほろ》、白糠《しらぬか》へ。そこから一気に南へと向かい西表島《いりおもてじま》へ。列島の北と南の端に残る、自然と共生してきた先住民族の文化を、感覚として体験するためだった。そのようすは、ＴＶ番組『坂本龍一の日本再発見ぼくの未来を探す旅』（２００４年10月24日、テレビ東京）として放映されている。

そして、その青森の旅に同行したのが中沢さんだった。

三内丸山遺跡を訪ねたふたりは、黒曜石を割って石器をつくったり、その石器で鯛をさばいてお刺身にして食べたり。

中沢　狩猟採集民の社会は、昔はつらい社会だと言われていたけど、まったく反対だと思う。

坂本　農耕のほうが高度な生産様式だと思いがちですけど、そうじゃないんじゃないか。じつは狩猟採集はかなり楽しかったんじゃないか。

十和田湖の近くにある、ブナ、ナラの原生林へ。地元のキノコ採り名人に案内してもらい山へ入った。ケモノ道を1時間以上歩いて、ナラタケの群生を発見。まるで炎が燃え上がるように、木の幹を取り巻いて生えるナラタケ。夢中でキノコ採りにいそしむ。

坂本　これはおもしろいや。なんでこんなにうれしいんだろう。

中沢　採集のよろこび。こんなに楽しいもんだとは知らなかった。

坂本　知らなかったね。

すっかり狩猟採集民の本能が目覚めてしまった。収穫したナラタケは10キロ。

江戸時代に建てられた茅葺き屋根の農家で、おばあさんたちが童歌《わらべうた》を聴かせてくれた。そして、さきほど収穫したナラタケをどっさり入れた鍋が登場。ナラタケ、キャベツ、ごぼう、こんにゃく、豆腐、ネギに味噌を入れて煮込んだもの。縄文時代にまだ味噌はなかったが、海の幸、山の幸を煮込んだ鍋は、縄文人の食事に欠かせない料理だった。ひとつの鍋を分け合い、あたたかい火を囲んでの語らいは、縄文時代からずっと続いてきた光景。鍋のおいしさに感激しつつ、さらなる旅へとふたりの心を駆り立てるものがあった。

その後、中沢さんは、現代と縄文時代を行き来し、東京の地層に眠る古代の記憶を掘り起こした『アースダイバー』（2005年）を刊行し、大きな反響を呼んだ。縄文の記憶を伝えているのは、もちろん東京に限ったことではない。この列島には、アースダイビングのための穴があちこちに開いている。そして2006年、春。

ふたりはふたたび、旅に出ることにした。

ふたたび三内丸山遺跡へ……

第一章　諏訪

諏訪へのいざない

「いつか諏訪へ行きましょう。縄文のハートみたいなところへ」

２００４年に坂本さんと青森で会ったとき、そう話したことが、この旅のきっかけとなりました。

諏訪は、大きな意味をもった場所です。縄文と呼ばれる、日本列島に発達した新石器文明がもっとも生命力にあふれた創造をおこなった縄文中期に、その中心となっていたのが、諏訪とその周辺に広がる八ヶ岳山麓の地域です。おそらくは人類史上、地球的な規模で見ても、もっとも創造力と生命力にあふれていた時代でしょう。そこには、いまの日本人がもっている創造性、ものづくりのうまさ、元気、明朗さといったものがもうすでに姿をあらわしている。いや、それどころか、いまよりもすごい力量を発揮していたと言えるでしょう。

しかも諏訪は、日本に国家というものができてからも、なかなか完全には国家に属さなかった地域です。文化のおおもとになっている縄文人の勢力が、いつまでも生き続け、独自の文化圏をつくっていました。そして中世には独特のかたちの発達をとげるようになりますが、その多くの興味深い要素は、縄文中期の華々しい文化のなかで表現されていた宇宙観、自然観に密接につながっていることがわかります。

諏訪の地を歩くと、縄文時代から現代まで地層を貫いて、あるひとつの原理が生きているのを感じ取ることができます。ですから、坂本さんと旅をするなら、まっさきに諏訪の地を訪ね、縄文の世界を呼吸してみることが大切だと思いました。

中沢新一

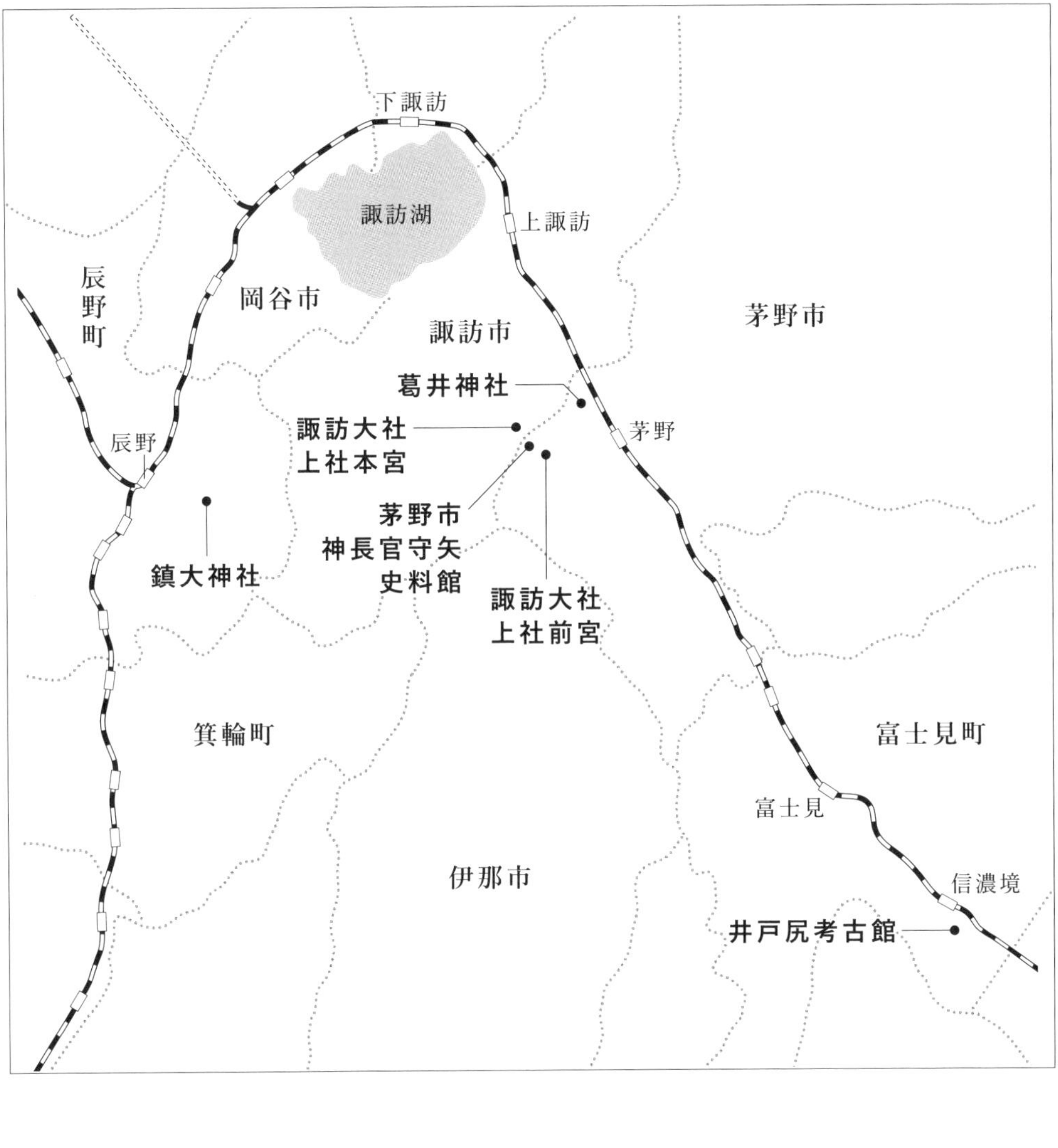
下諏訪
諏訪湖
上諏訪
辰野町
岡谷市
諏訪市
茅野市
葛井神社
諏訪大社
上社本宮
茅野
辰野
茅野市
神長官守矢
史料館
鎮大神社
諏訪大社
上社前宮
箕輪町
富士見町
富士見
伊那市
信濃境
井戸尻考古館

長野県の諏訪地方から山梨県西部にかけての八ヶ岳南麓は、縄文文化が栄えた地域で、その息吹を濃厚に伝えている。大和王権による統一以前のこと。洩矢《もれや》神を長とする先住民族が住むこの土地へ、出雲系の建御名方神《たけみなかたのかみ》が侵入する。建御名方神は諏訪大明神となり、その子孫である諏訪氏は大祝《おおほうり》という生神の位に就き、洩矢神の子孫の守矢氏は、神長官という筆頭神官となった。大祝の即位にあたっての神降ろしをはじめ、神事をとりおこなう力は神長官のみがもつとされ、諏訪の信仰の実権は、守矢氏が長く持ち続けた。

東京から向かった坂本さんは、井戸尻考古館で中沢さんと合流。そこから諏訪大社上社の前宮へ向かった。ここでおこなわれる御頭祭《おんとうさい》は、かつては75頭の鹿と猪の首を神への贄《にえ》として捧げた、狩猟民の性格が強いお祭りである。さらに、古層の神「ミシャグチ神」を訪ねて、伊那谷のほうへ足を延ばした。

夜は温泉に浸かって冥界のエネルギーを充電。翌朝、霊気に満ちた空気のなか対話がはじまった。

旅をはじめる理由

中沢　20年ほど前に細野晴臣さんと旅をしながら『観光』（1985年）という対談集をつくったんです。

坂本　もう20年以上前になるんだね。

中沢　ちょうどYMOの「散開」（1983年）直後で。YMO時代って細野さんも坂本さんも、世のなかの圧力に囲まれ続けてたじゃない。

坂本　ほんとうにそう、辛かったな。

中沢　細野さんはそこから脱出したいという気持ちが強くて、あんまりものごとを深く考えないで旅をしたいということで、日本中のおもしろいスポットを歩きはじめたら、そこが全部ディープなところだったんですね。天河、戸隠、大山、伊勢……。こういう聖地に行くと、世のなかのことからふっと抜け出した感じになって楽になれたんです。80年代というのはおもしろい時代だったと思いますけど。

坂本　スピード感のある時代でしたね。

中沢　うん。あれから20年以上たって、次のサイクルとして見たときに、いまは物見遊山の旅ではもの足りないと思うようになってきた。もの足りないっていうか、いま必要な旅というのは、もっと深いところへ潜っていく旅じゃないかと。『観光』のときは、弥次喜多をモデルにしたところがありました。弥次さん喜多さんというのは、ヘラヘラと笑いながら深みに入らないよう、どこまでも軽く一種のサーフィンみたいに旅をするんですね。ところが、そんな思いとは裏腹に、いろんな宿場町に行くたびにどんどんディープなところに入り込んでしまう。しりあがり寿さんの『真夜中の弥次さん喜多さん』と『弥次喜多 in DEEP』という漫画は、そのへんのことがうまく描いてあるんだけど、いまは時代的にもだんだんディープなものが求められているんじゃないか。

なぜディープなものが必要になってきたのかというと、世界がどんどん危ない状態に向かっているのに、この先のヴィジョンがなかなか見いだせないからです。いま直面していることの重大さに気づかないで、浅いところで議論したり対立しあっていて、本質的なことが語られていない。だから、大砲の位置をもっと後ろにする必要があるんじゃないかと考えはじめたんです。

坂本　過去にも未来にも、射程距離を延ばすためにね。

中沢　そう。その作業をここ数年続けてきて、旧石器時代まで行っちゃったんだけど（笑）。でも、そこまで引く必要があって、人間がいまやっていることを理解するた

長野県上伊那郡辰野町の鎮大《しずめだい》神社にて。男根の形状をした石棒がミシャグチ神。頭部には蛇のような彫刻が施されている。縄文時代から人々の信仰を集めてきた石の神は、恐るべき霊威を秘めながら、なんとも愛らしい風貌。ふだんは祠の内に安置され非公開。

めには、人間の心の可能性の源泉を探らないとできない。

坂本 そこにネアンデルタール人が絶滅し、ホモ・サピエンス・サピエンスが生き残った謎がありますからね。

中沢 だから、もっと深いところへダイブしていく旅を心が求めている。これからのヴィジョンを見つけるには、人間の心のはじまりまで潜っていかないと。

坂本 アースダイバーであり、マインドダイバーですね。

人類のスタート地点に戻って考える

中沢 坂本さんは、エネルギー問題とか環境問題とか、現代のヴィヴィッドな問題に触れながら、従来の近代的な発想ではダメなんだということを言ってますよね。どんどんディープな方向に向かってるんだけど、いつ頃からそういう感覚になってきたんですか?

坂本 90年代半ばかな。ぼくは60年代末の学生運動にも参加して、左翼的な思考法にとらわれていながらロック世代でもあって、アメリカ西海岸経由の禅とかヒッピーイズムにも染まりつつ……という、わりとこの世代の典型的な人間なんです。それもあって社会的、政治的なことには距離をおいてきたんだけど、90年代半ばくらいに、ある日テレビを見ていたら、ニュースでアフリカの飢餓についてレポートしてたんですね。それ自体は目新しいニュースでもないんだけど、ふと「この飢餓と、経済問題や環境問題は全部つながっている」と思ったんです。それまでは環境問題にたいして、ちょっと避けてきたところがあったんですが、コミットせざるをえないというか、ぼくのような人間でも意識せざるをえないほど、問題は自分に近づいてきている。

人間がつくってきた文明が、限界にぶち当たろうとしているわけです。具体的にいえば、資源の限界とか海のCO2吸収が限界に達していたり。ピークオイルなんて言葉もいわれるようになってきた。

石油に依存したこの50年の文明のかたち、あるいはもう少し長くとらえると化石燃料を燃やしてそれを動力エネルギーにする産業革命以来の200年の文明のかたちが限界にきている。

もっとさかのぼれば、約1万年前にはじまった農耕の発明によって、人間が環境を改変しはじめた。モノカルチャーのはじまりですね。それが現代まで続いてきている。使っている頭の構造は旧石器時代もいまも同じかもしれない。だけど、そのなかからひとつの方向を選び出して、技術の発達によって核までできてしまった。権力が発生し、国家もつくりだし、軍事力も伸ばして、ここまできたということですね。じつはつながっている。農業とエネルギーの問題は、じつはつながっている。どこでつながっているかというと、人間の脳でつながってるんですね。

ホモ・サピエンス・サピエンスって、どういう生物なんだってことが知りたいんです。知らないと先に進めない。自分で自分の首をしめているような状況をやめて方向転換したい。新石器時代以来のこの1万年のやり方を見直して、方向転換できるかどうかにかかってると思うんです。

中沢　近代というプログラムがヨーロッパで作動しはじめて200年くらいたって、そのプログラムの可能性は出尽してしまったんですね。だけど、近代のプログラムというのは、たくさんの可能性から選ばれたものだということ。人間が資本主義という経済システムを選んだことには必然性があったはずだけど、別の可能性もあったし、それを探っていくことをしぶとくやっていかないといけない。

坂本　貨幣経済についても、いまぼくたちがとっている貨幣システムが唯一ではないわけで、ちがう可能性はありえたし、これからもありうるんです。そしてそれは貨幣の本質にまで降りていかないと見えてこない。科学にしてもしかり、芸術にしてもしかり。

中沢　貨幣がなぜ人間の心に発生したのか、これはマルクスが挑戦していた問題ですが、完全には解明できてないと思う。貨幣のおおもとである等価交換の前に人類がやっていたことって、贈与経済だったわけですね。

坂本 そのような社会では贈与が交換になりそうになると、意図的に壊したり捨てたりしますよね。

中沢 水平的な交換だけをやっていると、いつのまにかこのシステムからは廃棄物のようなものがいっぱい出てきて社会を崩壊させてしまうということを、人間は直感的にわかっていた。だからこそ、ときどきお祭りをやって、そのシステムを垂直的に突き破っていくことをする。マルクスの資本主義の分析だと、恐慌が周期的に起こって、メカニズムを調整している。経済でも芸術でも科学でも、この垂直方向への探究をやらないといけないんですね。それをぼくは「ディープ」と言ってるんですけど、そのひとつの象徴として考古学がある。昔、フーコーがはじめた方法ですね。

坂本 『知の考古学』ですね。

中沢 いまのシステムを解明するだけじゃなくて、システムが生まれた瞬間をつかまえるという方法。これをもっと柔軟につくりかえて、いろんなところで実践していく必要があると思うんです。音楽くらい、このことに直接触れているものはないでしょう。坂本さんは音楽の現場にいるから、よくわかってるんだと思うんです。ヨーロッパの音楽は合理化されたシステムを発達させて、圧倒的な影響力をもつようになって、合理的な音楽をやっていなかった民族まで呑み込んでいったわけですよね。その西洋音楽のシステムは20世紀のはじめに、はやばやと崩壊しちゃったんですけど。

坂本 １９２０年代には終わっちゃった。あるいは１９７０年にデッドエンドを迎えた。

中沢 それは人類の世界に起こっていることの縮図だった。坂本さんはそういう現場に生きているからこそ、いまの問題をヴィヴィッドに感じているんだと思うんです。

坂本 そうですね。20世紀初頭に音楽や哲学などの異なる分野で、同時的に西洋の崩壊が語られ、新たなシステムの模索がはじまったのは、とても興味深いことです。

古層にある縄文的なもの

中沢　坂本さんとちゃんと一緒に何かをするのは、２００４年にテレビ番組で青森に行ったのがはじめてなんですよね。それまでにも雑誌で対談したり、軽い接触はあったけど。昔、細野さんと『観光』の旅をしてるときに、「坂本くんはこういう、神社をまわったりするの、批判的なんだろうね」って細野さんは言ってたんです。ただ、ぼくは坂本さんの音楽を聴いてると、とくに『左うでの夢』（１９８１年）なんてアフリカ的な音楽が脈打ってるじゃない。細野さんのほうがむしろモダンなんですよ。その細野さんが神社をまわっていて。

坂本　むしろモダンだから、神社をまわるんじゃゃない？

中沢　ぼくは直感で、坂本さんの心の深層には、縄文的なものがあるんじゃないかとにらんでましたから、坂本さんが青森の三内丸山遺跡を訪ねるという番組で久しぶりに会って、もう何年も会ってなかったのに、すっと入っていけるというのが感動的でした。

坂本　あのときも話したと思うんだけど、天皇制とか国家神道にたいして、違和感がない人たちっているじゃない。

中沢　考古学的感覚のない人たちは、地表に出ているものを無批判に受け入れちゃうからね。

坂本　その一方で、それがたまらないから、古神道とか縄文を引っ張り出してくる人もいると思うんだけど、それもどうかなと思いますね。

中沢　ぼくは国家神道にたいしてはとてもアンビバレントなんですね。成長する環境として、まわりに民俗学者がたくさんいて、その人たちは往々にして左翼的な考えをもっていた。その人たちは、天皇のことを「天」としか言わなかったりするんだけど、道ばたの石仏を見ると、目をとろんとさせている。いまの神社神道とはちがう回路があるんだって言いたくてしょうがなくて、それで民俗学なんていうものを一所懸命にやってる感じがしました。この列島に育った精神性の歴史を愛してるわけで、それと神社神道として残っているものとはちがうんじゃないか。

その後ぼくは宗教学を勉強しましたから、いまある神社神道がすべてじゃないということを学ぶことができた。神道だけでは貧困です。その頃に、田中基《もとい》さんがつくっていた雑誌『どるめん』にも出会いました。そこにミシャグチについて書いてあって、諏訪大社が縄文の古層につながっていると知った。諏訪に興味をもつようになったら、「自分の求めていた神や霊のあり方がここにある」って、うれしくなった。その後、チベットに行ったりいろいろしたけど、いつも「ここがある」という安心感があってやってるところがあります。

坂本　チベットに行くよりも前だったんですね。

中沢　学生の頃ですね。そこから沖縄や青森への興味も深くなっていった。

坂本　いまの神道にも入ってるんだろうけど、かなり意図的に見えなくしてますね。でも「表に見えているものだけじゃない」ということを、きちんと言いたい。神道の美意識を否定するわけではなくて、神道という名前がつけられる前から、そのもとになっている文化や美意識はあったんだということ。

中沢　伊勢神宮の社殿というのは、もともとはただの宝物殿だったみたいですね。心御柱《しんのみはしら》は木で、その上に宝物である鏡を据えた。その鏡がいつのまにかご神体になったんだけど、もともとのご神体は、お社《やしろ》の下に入っている。つまり、伊勢神道にも、木を中心とする縄文信仰が組み込まれてあるわけです。

茅野市高部にある小袋石《おふくろいし》。岩の割れ目から松が生え、下には水が染み出す。磯並《いそならび》神社のご神体で、諏訪七石のひとつ。

古層の文化が露出する場所

中沢　坂本さんはどうして縄文に興味をもつようになったの？

坂本　ぼくはいまアメリカに住んでいますけど、白人が征服した土地にさらに間借りしてるという罪悪感があるんです。街で先住民族のホームレスを見かけるたびに、彼らのことを考えざるをえない。アメリカにいる黒人の多くは、じつは先住民族との混血だという話があります。アフリカから連れてこられて奴隷にされていた人々が逃亡したときに、彼らをかくまったのが先住民族なんですね。だから、かなりの割合で混血してるという話を聞いて。アメリカ人ならみんな知っている話だそうなんだけど、誰もそれについてはおおっぴらに語らないし、語れない雰囲気があります。それから、こんな話も聞きました。昔、イングランドとスコットランドが長い戦争をしているときに、お互いの国境の村に「戦士」として育てた子どもたちがいた。アメリカの開拓時代になると、彼らをアメリカに連れてきて先住民族を殺しまくったそうなんです。そういう話を聞いて、はたと「日本にだって先住民族がいたはずだ」と気がついた。

それで日本の先住民族のことが気になって、いろいろ調べるようになったんです。アイヌと琉球を別にしても、本州にもいたはずで、上に覆いかぶさってるものが厚いから見えにくいけど、原日本人というか、縄文の人たちがどういう人たちだったのかを知りたくて。そして自分のなかにどのくらい縄文の血が入っているのか、ＤＮＡ的なことだけではなく、どれだけ文化を受け継いでいるのかを確めたいんですね。また縄文と一口に言っても、ひとつの人類集団だけではないと思います。列島の古層には多様な人類集団がいたと確信していますし。

中沢　これから坂本さんと一緒に縄文のスピリットを感じる場所を旅していこうと思ってるんですが、最初はぜひ諏訪にお連れしたかったんですね。ここは日本の聖地のなかでも、ぼくらの抱えている問題を解く鍵に、直接触れられる稀有な場所です。

坂本　古層に押し込められて、ほかの場所では見えないものが、ここでは露出してますね。

中沢　アイヌ文化は、強い自立性をもって社会の表面に出ていますけれど、列島上に栄えたそれ以外の先住民族の文化というのは、表面的には見えなくなっている。神社神道に吸収されたものとは別の、縄文の古層から脈々と続いているものというのは、深く埋葬されているけれど、強いエネルギーを放つ磁場としてわれわれに影響を与え続けていて、日本文化を考えるにはこれを探らないといけない。そして諏訪の場合は、たまたまなのか、それが地表に出てるんですね。

坂本　諏訪の人たちの強い反権力意識によるのかもしれませんね（笑）。

変わることは可能なんだ

中沢　昨日から諏訪をあちこち歩いてみて、どんな印象をもちました？

坂本　諏訪大社上社の前宮の鳥居の前に立ったときはゾクゾクしました。ここが諏訪信仰の入口か、と。でも、いちばんドキドキゾクゾクしたのは、小袋石ですね。見るからに何かを発してるというか。地底に触れてる感じがした。岩の割れ目からちょろちょろと音を立てて水が流れているのもエロティックだし。

中沢　諏訪は全体にエロティックですね。

坂本　エロティックで、しかも死の匂いがプンプンしますね。「エネルギーのある死」「生命力のある死」を感じます。形容矛盾かもしれないけど。

中沢　いや、神話的には正しい。

坂本　それ以上の言葉はないな。「生命力のある死」だ。

中沢　前宮に行く前に、井戸尻考古館で縄文時代の人たちがつくった芸術作品を見たけれど、あそこにもそういうものがほとばしっている。

坂本　土器の装飾で神話を伝えようとしている。これはラスコーの壁画に匹敵すると思いますよ。

中沢　土器の背後には、旧石器時代の宗教にもつながっていく神話がひかえていて、まさにラスコー並みですね。

坂本　人面香炉形土器なんて、前から見ると優しい少女のような顔で、後ろは怪物のような恐ろしい姿。ああいう思考法が当時は常識だったわけですよね。

中沢　縄文の人たちは、美人を見ても、同時にその後ろに蛇を見る感覚をもっていた。

坂本　中世の瞑想法にもあるでしょう。美人が骸骨になるまでをイメージするという。生に死を見る、死に生を見る。

中沢　一休禅師の白骨観ですね。そもそも仏教の瞑想法は、社会全体が神話的な思考法を失いつつあるときに、それを取り戻そうとしてできあがってるんだよね。だから仏教にはインドのとてつもなく古い時代からの思考法が組み込まれている。

人面香炉形土器
曽利遺跡出土　縄文時代中期　高さ47センチ　井戸尻考古館蔵 表は火を産む女神、裏は冥界の蛇の女神。

坂本　チベットのグルが中沢さんに言ったんでしょ？　古代人の思考を繰り返しているにすぎないって。

中沢　8万4000年前とか正確な年代まで言うんですよ。驚いちゃいました。それぐらい古い時代からの方法があって、その知恵をわれわれは再現してるにすぎないんだと、チベットの先生たちは言うんです。

坂本　ホモ・サピエンス・サピエンスが生まれた頃じゃないですか。

中沢　当時は漠然と聞いてたのね、「とんでもないこと言うなぁ」って感じで（笑）。でもいまはその意味がよくわかります。恐ろしいことを知っている人たちだって、怖くなります。

坂本　マヤ文明を見ても、われわれが現代科学によって知りえたことを、すでに彼らは熟知していたとしか思えないものを残している。

中沢　そういう考え方は、人間を譲虚にしますよね。自分たちがつくりだせる新しいものなんて何もなくて、すべては心の構造ができたときにすでに全部出そろっていて、われわれはそれを「再発見」したり「発掘」しているにすぎない。ところが近代の科学は宇宙の起源まで「発見」できると考え、どんどん未知の領域へ、無限の彼方まで人間が出て行けると考えた。その思考方法を拡大したいがために宇宙空間へ出て行くんだけど、地球にはあいかわらず未熟な思考方法が跋扈している。それによって人間の心に新たなものがもたらされると勘違いしているけど、じつは何ももたらされていないというのが真相なんじゃない。

坂本　そのとおりですね。

中沢　ぼくらが縄文の聖地に行ったからって、すぐに何かが変わるわけではないけど、ぼくらがやろうとしているのも、芸術的な行為としての思想なんですよね。「変わることは可能なんだ」ということ。

坂本　中沢さんがどこかで書いていたと思うんだけど、チベットの瞑想法で、頭をシャッフルしてパラダイムを削壊させるような方法があるでしょう。そういうことをいまの社会に起こさないとダメですね。揺さぶって骨組みみたいなものを壊してあげないと。それができるのはアートでしょう。既成の宗教ではできないかもしれないけど、ある種の宗教的な力もそれができるかもしれない。

中沢　坂本さんが仏教に関心をもっているのは、仏教は宗教というよりアートに近いからでしょう。チベットでは頭をシャッフルして解体させる瞑想法を、独特のやり方で発達させている。ひとつの例ですけど、目の前に1本の杖が立っているのを想像します。そこへ蛇が寄ってきて絡まりつく。ここに全意識を集中させる。蛇が杖に巻きついて上まで行ったら、ふーっとほどけて地面に帰っていく。蛇がほどけたときに、目の前に見えていた光景、これをチベット人は「絵」と言うんだけど、「絵」がすべて消えている。「いま目の前にある世界は永遠不変じゃない」ということを理解するために瞑想をするんですね。そういう瞑想をやるときは、山のなかに入っていきます。これは古代文明の名残なんだなというのはすごく感じてたんだけど、ここんとこずっと縄文のことを勉強していると、それがすごくリアルなんですね。

坂本　古代といっても、たかだか数千年前までの思考法なんですよね。

諏訪は蛇の国

中沢　ところで、諏訪に来てからずっと蛇にばっかり出会ってきたでしょう。縄文土器にしても、ミシャグチにしても。諏訪大社にも、蛇のようにとぐろを巻いた縄を祀ってあったし。

坂本　蛇づくしでしたね。ここは古代の思考法がそのまま残ってる。土器に描かれたことって、たぶんかつては具体的に儀式としてやっていたんじゃないかと想像させます。

中沢　諏訪は蛇の国。蛇は生と死、再生の象徴。

坂本　あちこちにとぐろが巻いてあった。葛井《くずい》神社に行ったとき、池に向かって女の人が何か唱えながら熱心に拝んでましたけど、あれも日頃から蛇神を目にしてるからこそでしょう。
中沢　あの池と遠州の池がつながっていて、龍神の通路になっているという伝承がある。その感覚をじつに素直に受け入れてますね。
坂本　彼女の世界観のなかに、それがはっきり入っていることが外から見ていてもわかる。現代の日本から見たら不思議だけど、そういう世界観のリアリティを感じます。
中沢　漫画家のつげ義春さんもこのあたりが好きで、よく温泉めぐりをしてましたねえ。つげさんの想像力のなかでは、温泉は地下でつながっていて、ひとつの温泉に入ると別の温泉へ潜っていける。その想像力は同じですよね。
坂本　温泉というのは、地球のマグマ、巨大な火のエネルギーが、ぼくたちにも触れられるかたちでそこにあるもので、温泉に浸かることは、その土地のエネルギーに直接肌で触れること。
中沢　昔の貴族は温泉に入るとき、天皇の許可をとらないといけなかった。温泉地にこもることは、死の世界からエネルギーをたくわえることで、反逆の疑いをもたれると困るから、「クーデターを起こす気は毛頭ありません」って。
坂本　5分だけならいいけど、15分はダメとか(笑)。
中沢　そうそう(笑)。蛇が大地の下を這ってつながっていく感覚とか、温泉の湯がつながっている感覚とか、これをフランス哲学でいうとリゾームってことになるんだけど、人類に普遍的な思考方法だと思います。
坂本　地下のエネルギーが根茎のようにつながっている。
中沢　諏訪のミシャグチの石棒は、男根をかたどったもので、蛇のような細工がしてあるんだけど、必ず大きな樹木の根元に祀られています。地下のリゾーム状のものと、天空に伸びるツリーが一体になってる。天と地が石と木を介してつながっていて、全体的な宇宙を形成している。そこをつなぐのが蛇です。そういう全体性をもった、生と死を循環させていく思考というのが、諏訪にはまだ表にあらわれている。

坂本　それが目に見えるかたちで残っている場所というのは珍しいですね。書物で読めば理解できるかもしれないけど、実感できる場所というのはほんとうに少ないと思う。

中沢　諏訪には、大祝を中心とした天皇制の原型みたいなものまである。それについては『精霊の王』（2003年）という本でも書きましたけど。

坂本　国家になる直前、バージョン0・9くらいの感じですね。

中沢　アメリカ先住民族でいうと、北西海岸の先住民族の社会が国家になる寸前にあったけど、ここもその状態でしょう。

坂本　大和系は農耕の要素が強いけど、諏訪は狩猟の要素が強いですね。

中沢　死やエロスのテーマというのは諏訪のほうに残っていて、天皇家では表に出てこないからね。

坂本　御頭祭で鹿や兎をお供えするのは、アイヌの熊送り《イオマンテ》に近い。あの世に送ることで、もう一度もっと豊かにこの世に戻ってきていただく、死と再生の儀式ですね。

中沢　そういう暴力性とかエロティシズムも、ロハスには必要でしょう。

坂本　それを抜きにしてサスティナビリティ（持続性）はありえない。

中沢　死とエロス、つまり腐敗と再生の要素が入ると、循環・浄化のシステムができる。それがないと廃棄物が過剰になっていく。

諏訪と新宿がつながる

中沢　新宿にあった三平食堂って覚えてるでしょ？　諏訪大社の前宮に立派な鳥居を建てたのは、三平食堂の創業者なんです。あの鳥居のことを思うたびに、諏訪と新宿はつながってるんだなと思う。

坂本　新宿に諏訪があるっていうのもおもしろいですね。

中沢　60年代の新宿は坂本さんも

葛井《くずい》神社のご神体の池。大晦日の24時には、御幣を池に投げ入れる儀式が行われる。するとその翌日、遠州さなぎの池に浮かぶという伝承がある。

よく知っていて。

坂本　毎日徘徊していましたからね。

中沢　オリンピックビルと三平食堂が並んでました。武蔵野館のまわりにはバラックみたいな建物が立ってて。

坂本　武蔵野館には毎週行ってました。

中沢　坂本さんが通ってた新宿高校のそばの天龍寺の裏手は、芸人のたまり場でドヤ街だった。

坂本　となりは青線街、その奥に行くと昔の赤線だった。ぼくより前の世代だけど、生徒も先生も赤線から学校に行ってたという。出てくるときに、教師とばったり会っちゃったり（笑）。

中沢　きょうだいになって（笑）。

坂本　ぼくが高校生の頃は、ジャズ喫茶がたくさんあってね。新宿っていうのはおもしろいところでしたね。中世の四条河原に芸能集団がたむろしていたのを想像させるような猥雑さがありました。

中沢　そういう場所から芸能って出てくるんですね。いまの新宿にもそういうところは残ってますが、文化地質学的にいうと、そういうところが古層精神の露頭している窟だったり水源地だったりするわけです。

バイナリではなくトリニティの世界

坂本　自然の物質というのは、地球から取り出すわけでリミットがある。ところが、それを交換するときには、リミットレスな数字というシステムでやっている。株にしろ為替にしろ、いまはコンピューターのディスプレイで見られるから、その数字が実在しているように思うけど、あれはたんに脳で起こっていることを外に投影したにすぎない。実在のエネルギーには限りがあるのだから、この矛盾はどこかでぶつかるに決まってるんです。小惑星が近づいてくるような感じで、限界がくるのはわかっているんだから、ぶつかる前に回避したいわけですね。

中沢　無限に向かう数学が最初か

らあったわけじゃなく、最初は循環する世界についての数学があった。

坂本 昔は数も20くらいまでしかなかった。

中沢 20の次はまた1に戻って循環してたわけで、元に戻ることが重要なんですね。循環の概念が成立するには、ちがうもの同士のあいだに共通するものがあるという認識が発生しないといけないんだ。

坂本 アナロジーですね。

中沢 言語のほうでアナロジーと言ってるものを、数学ではホモロジーと言ってる。そのホモロジーが最初の数学をつくったとすると、宇宙は循環して元に戻っていくんですね。螺旋のように一巡して、宇宙は変わっていくんだけど、上から見ると同じところに戻っている。アメリカ先住民族ははっきり言ってますね、「われわれの世界は円を描く」と。実際にそういうふうに村のかたちもつくっている。縄文の遺跡も、村落の形状を見ると円環になっていて、中心には墓がある。かつては生と死を循環するものとして考える世界観があったのに、いまの人間はそれを忘れている。いまの人間は、死の問題を循環的に考えられないんですね。数学と同じで、死は無限で、どんどん向こうに行ってしまうと思っている。だけど、かつてはそういう無限性を、有限の世界に円環的に織り込んでいくホモロジーの知性が生きていた。そのいちばんの代表は、数学と音楽だったと思います。音楽は、基音から5度のズレのある音を発見したあと、1オクターブ上に循環して戻ってくる。1オクターブ離れた音を同じ音だと認識する能力を人間は根源的にもっている。

坂本 オクターブって、弦の振動でちょうど1対2という数字に対応してるのが不思議ですね。

中沢 しかもそれをどの人間も聴き取るわけでしょう。

坂本 どの文明でも、時代を超えて。人間のかなり基底にあるんじゃないかと思わざるをえない。

中沢 音楽と、最初に生まれた数学というものを考えると、循環す

諏訪大社の祭祀を司った守矢家の屋敷。小高い一角にミシャグチを祀る。

る世界のおおもとはアナロジー（ホモロジー）の能力。

坂本　そこがわれわれホモ・サピエンス・サピエンスとネアンデルタール人がちがう、いちばん大きなところですね。『心の先史時代』を書いた認知考古学者のスティーヴン・ミズンが最近『歌うネアンデルタール』という本を出したけど、ネアンデルタール人が歌を歌っていたかどうかっていうのは、ぼくも考えたことがあるんです。『左うでの夢』をつくってるときに、われわれに近いチンパンジーやゴリラは音楽的行為をするのか気になって、上野動物園に調べてもらったことがあるんです。答えは「しない」というものでした。

中沢　ネアンデルタール人が音楽をしたかどうかというのは、難しい設問ですね。

坂本　でも、そこが大事なんじゃないですか。なぜわれわれは音楽をするのかってことですから。

中沢　なぜ人間は音楽をするのかって問題をつき詰めていくと、なぜ人間は5度を認識するのかってことに行きつきます。

坂本　それと、繰り返しの認識。さっき言ったように、繰り返していると認識するには、アナロジーの能力がないとできないんですね。

中沢　オクターブの認識ですね。しかし、5度の快感をなぜ認識するのか、その問いはもっと重要だと思う。それがわかると、なぜ和声音楽ができるのか、なぜ対位法ができるのかとか、ほとんどわかるんじゃないかな。

坂本　中世のキリスト教教会では長いこと、オクターブと4度、5度以外は嫌っていた。

中沢　ディアボロスの音楽、野蛮人のやる無意識音楽だからね。

坂本　長いこと禁止してたんですよ。ところが主に北方のゲルマン系民衆のあいだでは3度、6度が好まれていた。ローマ帝国の広さからいって、完全に地方性を抑え込むことはできなかったんですね。もちろん、オクターブ、4度、5度から漸次的に3度、6度というように使える音が増えていったというような単純な歴史ではないですが、最初は経過的に、その後、ある規則をもって3度、6度、あるいは2度、7度なども音楽に使われるようになっていった。まあ、ある音程を禁止するっていうのもおもしろいことですよね。

中沢　本質を見てるってことだ。

坂本　アナロジーって、ちがうものを同じだと見ることだけど、あいまいということが大事。すごく精密に見れば、すべてがちがっていることになるから、アナロジーの能力は生まれない。現在のコンピューターのパターン認識がそこまでできているかどうか知りませんが、なんとなく認識すると、あ、似てるってわかるわけで、ヒトはそれができる。

中沢　たとえば詩みたいなものは、似てるものの意味同士を重ねて、意味を価値増殖してるわけでしょう。ホモ・サピエンスは価値の発見をしてるんですね。ネアンデルタール人は意味は発見していたけど、ぼくらの先祖は価値を発見した。映画『２００１年宇宙の旅』でヒトザルが放り投げた骨じゃないけど、そこから資本主義が出てくるわけですね。生命の増殖現象、女性のからだのもつ増殖作用のなかに価値増殖を見てるんですね。

坂本　そこに根源的な価値を見いだしている。どの文明を見ても、まずそれ、つまり増殖性がありますね。

閉じた世界がいかに豊かであるか

中沢　循環的な世界を見直すというのは、前近代に戻って、電気もガスもないところで暮らすということじゃなくて、人間の心の基点を、旧石器時代につくられて、そのままずっとかたちも変えないで利用され続けている無意識の構造に据え直してみようということです。そうじゃないと、世界は完全に行きづまってしまう。

坂本　それには「死と再生」の「死」が必要。生産だけじゃダメで、破壊神シヴァが必要ですね。何を破壊するのかというと、われわれのもっている認識の壁。それ

御頭祭の神饌を再現した展示。茅野市神長官守矢史料館にて。

諏訪大社上社前宮の本殿の前にて。

を破壊するってことです。

中沢　いまの世界は二元論、バイナリ（二進法）思考でつくられている。コンピューターはもちろん二項対立で世界を認識し、情報化し、処理する。そこからはリアルな死は排除されてしまうんですね。

坂本　世界は有限で閉じたものだということがわかっていないから、「生か死か」「有か無か」という二項対立の思考に陥ってしまう。

中沢　有限で閉じた世界が、いかに大人びて豊かな世界であるか。「資源は有限である」「世界は循環する」という思考方法にたいして、「その考え方は遅れた考え方だ」と批判する人がいるけど、そうじゃない。人間の心に最初に生まれて、おそらくは最後の知恵の源泉もそこに戻っていく。それがこの循環するホモロジー思考でしょう。

坂本　いつしか無限思考のほうが勝ってしまってそれが席巻しているわけですけど、長い歴史のなかではつい最近のことですよ。この１００年くらい、あるいはルネサンスから考えても５００年くらいというのは、一種の試行実験の時期だったと思えば、また少し戻ってやり直せばいいじゃないかって思うんです。一直線に前に進むだけのリニアな思考に覆われているから、元には戻れないと思ってるけど、そんなことは全然ない。資源の限界にぶち当たっている以上、引き返せばいいだけのことなんだから。そろそろやりはじめないと手遅れになる。

中沢　だから坂本さんも言ったように、ぼくらの世界を感覚的、身体的なところでつくりかえていくやり方として、死の問題をいろんなかたちで世界のなかに取り入れていくことが戦略上、重要なんですよね。生きている人間の世界は、「ある」か「ない」かっていうバイナリ思考に陥りがち。でも「ある」でもなく「ない」でもない、もっと根源的な「生命力に満ちた死」があるわけで、それを組み込むと3の世界になっていく。世界はバイナリではなくトリニティの構造に変わっていく。

坂本　3の世界。おもしろいですね。二項対立、「ある」か「ない」かというと、すぐに思い浮かぶのは、ブッシュが9・11の後に「われわれの友人でなければ敵だ」と言ったことですね。ブッシュの言葉を聞いてさらに思い出したのは、かつて埴谷雄高《はにやゆたか》さんだったんです。かつて埴谷さんが「敵ならば殺す」と言った。それがソ連型コミュニズムの基底にあったわけだけど、友人じゃなければ殺すという極端な二項対立に、なぜわれわれは陥りやすいのか。それもまた快感として人間の脳にプログラムされているかのようです。

中沢　そのほうがすっきりするようにに思えるから。でもなにごともすっきりしちゃいけないのね。

坂本　進化的には、チンパンジーくらいから組み込まれているのかもしれない。チンパンジーのグループって、あるときボスがその座を降ろされると集団のいちばん下にされるでしょう。ボスじゃなければ死ね、みたいなことになっちゃう。ものすごく危険な考え方だよね。ブッシュを見てると、チンパンジー社会のそれを思い出すのね。人間にはそれも組み込まれていると思うけど。

生と死は一体

中沢　今回、縄文の旅をはじめたひとつの大きな理由は、世界は3でできているということを言いたかったからなんです。ありとあらゆるところに人間の思考を超えた死の要素が組み込んであって、生と死は一体になっているんだと。

坂本　狩猟民にとってはそれが当たり前だったわけですよね。毎日、他の生命を殺さないと、自分が生きていけないわけだから。それはじつは現在でも全く同じなんだけど、それを隠そう隠そうというように社会が整備されてきた。

中沢　自分が生きるためには必ず他者を殺さないといけない。生きることと死ぬことは同じ。

坂本　だから、動物と自分たちを同一視するわけですね。

中沢　動物と人間は対称性の関係

諏訪大社上社前宮の脇を流れる水眼の清流の源泉。前宮の下の神原《ごうばら》一帯は上社の祭祀の中心地。諏訪大神の神格をもった生き神・大祝《おおほうり》がここに神殿を建てたのは、この源泉が理由のひとつと考えられる。

で、そういう状態で哲学をはじめると、思考は神話になっていく。生きることは、殺すことになる。生と死は分離できないし、矛盾したことをそのまま考えないといけない。矛盾したものを自分のなかに引き受けて思考する哲学が必要になってくるんですね。哲学っていつもそういうものだと思うんです。だから、哲学者は政治家から嫌われる（笑）。ものごとをややこしくするから。哲学っていうのは、敵と味方に分けない。

坂本　敵でも殺せない、逡巡しないといけなかったら、政治には向かない。

中沢　イエスは、ほんとうにラジカルでした。

坂本　「敵を愛せ」ってね。

中沢　ユダヤ教は「復讐しろ」って言ってるのに、イエスは「右の頬を打たれたら、左の頬を出せ」と言う。ものを考え、その考えを実行するということを突き詰めれば、そこにたどり着いていく。たとえ現実思考や政治思考に笑われても、その思考の価値は傷つけることができません。

坂本　ダライ・ラマ法王も「敵はよき教師である」と。

中沢　いまの哲学ではそのことをあまり強く言わなくなってしまったけど、矛盾したことを自分のなかに引き受けるのが哲学だった。その最大の障害は政治ですね。デリダが生涯かけて戦っていたのも、そのこと。デリダが最終的にたどり着いた自分の思想的な地点は第3項だと言っているのは、そういうことだと思う。たしかに、ヨーロッパ哲学がたどりついた最高地点として出てくるんだけど……。

坂本　そんなことは、縄文人たちはみんな知っていた。

中沢　それをぼくらは見て歩き、現場に立ち、彼らの思考方法をたどることによって、それを甦らせたいと思うんだ。

坂本　いまの社会では、それを想像できなくなっているんだけど、想像させてあげるのがアートの力なんですよね。映像であり、音楽であり、詩。中沢さんが「対称性人類学」をはじめて、そこからさらに「芸術人類学」というふうになったのは、伝えていくためには、芸術を介さないと難しいってことなんですか?

中沢　対称性人類学というのは原理的な探究で、これからもずっとやっていこうと思うんですけど、それを社会の現実的な力として出していくときには、芸術の回路は必要だって意味で。

坂本　実現するための他の回路が、なかなか人間にはない。しかしやりようによってはビジネスだってできるんだけどね。

中沢　すぐれた科学には、芸術の要素が備わっています。矛盾を表現する神話思考を現実世界に実現するためには、芸術というものがどうしても必要になります。『芸術人類学』(2006年)という本のエピグラフとして、レヴィ=ストロースの言葉を掲げたんですね。

「どこでもいい、人間の歴史から任意の千年、あるいは二千年を取り去っても、人間の本性に関する私たちの知識は減りもせず増えもしない。唯一失われるものがあるとすれば、それはこれらの千年、二千年が生みだした芸術作品だけである。なぜなら、彼らが生みだした作品によってのみ、人間というものは互いに異なっており、さらには存在さえしているのであるから。木の像が木を芽生えさせたように、作品だけが、時間の経過のなかで、人間たちのあいだに、何かがたしかに生起したことの証となってくれるのである。」(『みるきくよむ』竹内信夫訳、みすず書房、2005年)。芸術作品には、人間についての大事なことが語られているっていうことですが、政治のなかには、そんなに大事なことは語られていませんからね。

坂本　国家が5000年とか6000年前に発生してきたということは、じつは人間にはそんなものはなくてもよかったっていうことですね。貨幣しかり。

中沢　縄文への旅のなかで、「世界は3でできている」ということを体験していきたいですね。

坂本　われわれはディガーにならないと。地球を掘って潜っていく

諏訪大社上社本宮にて。

作業。上に堆積してるものをぶっ壊して、掘って取り出さないとね。

中沢　掘り出していく思考方法をとっていくと、なにげなく見えたものが、いろいろと姿を変えていくからおもしろいんですよ。

坂本　そういえばディガブル・プラネッツ（Digable Planets）っていうヒップホップのバンドがありましたね。すごいセンスだね。

旅の仲間、田中基さんも話に参加

田中　日本列島は地質学的に見ると、北アメリカプレートとユーラシアプレートがぶつかって、南からフィリピンプレート、東から太平洋プレートもぶつかっている。そこで持ち上げられてできたのが日本アルプスのフォッサマグナ。そこに諏訪湖ができてるんですね。だから「諏訪湖は日本のヘソで、諏訪は日本の中心だ」っていう人もいますね。

中沢　諏訪に古いものが残ったのは、意外とそういうことに関係しているかもしれない。

坂本　本州って背骨があるでしょう。4つのプレートの巨大なエネルギーがぶつかって発生している土地だというのは、いつも日本に戻ってくると感じます。そのエネルギーの見えるものとしての山があるから、山岳信仰は当然出てくるだろうっていうのは感じる。

田中　諏訪大社のシステムの頂点に据えられた大祝という生き神様はじつは子どもなんですが、冬期に竪穴式住居である御室のなかに籠もります。そのとき光を見てはいけない。

坂本　エネルギーを集中して増やすんですね。生殖のエネルギー。

中沢　そこなんですよね。神話の想像力と、資本主義や科学技術へと分かれていく原点は。エコロジストからは科学は悪い、資本主義は悪いって考えが出てきがちなんだけど、じつは同じところから出てきている。核もそこから生まれる。核とは何か。

坂本　エロである。

中沢　エロになりきれなかった何

井戸尻遺跡にて。旅の仲間である田中基さん（左）は、『縄文のメドゥーサ』（現代書館、2006年）という著書もある、縄文文化に詳しい民俗学者。

かだよね。

坂本　でも、エロスの落とし子なんだね。

中沢　岡本太郎は、その点でいい線いってますね。岡本太郎も諏訪には何度も来てる。最近、発見された「明日の神話」という壁画があるんだけど、「太陽の塔」と同時期につくってたんですね。岡本太郎はパリでバタイユともつきあっていた人だから、核と、人間の祝祭空間が根源では同じだということを、よくわかっていた。核をつくりだしてしまう人間の脳というものがあって、それを超えていく脳というのを考えています。その「明日の神話」という絵のまんなかでは、骸骨が核爆発を起こ

長野県・辰野町のミシャグチ。ミシャグチの祀られる場所は湛《たたえ》と呼ばれ、大きな樹木の下に石棒が置かれる。

しているようにも見える、大矛盾を抱えたイメージが描かれてる。曼荼羅と同じ表現で、大墓地なんです。世界の根源は、墓地。意味も吹き飛ぶ、分子も吹き飛ぶ、その上に湧き上がってくる歓喜というものを描こうとしている。「太陽の塔」と表裏一体の作品ですね。

坂本　井戸尻考古館で見た縄文の土偶は、「太陽の塔」にそっくりだったな。

（諏訪への旅　２００６年５月28日〜29日）

第二章

若狭・敦賀

敦賀・若狭へのいざない

「環日本海諸国図」、通称「逆さ地図」と呼ばれる地図があります。日本というものを考えるとき、赤道を中心にメルカトル図法で描かれた地図ではなく、この「逆さ地図」をもとにして考えたほうがいいのではないかと歴史学者の網野善彦さんは考えていました。ぼくなどは、さらに台湾、フィリピン、ニューギニア、オーストラリア、太平洋の世界へと広がっていく地図があるともっといいなと思っているくらいです。

この地図は、たいへん重要なことを教えていて、それは「日本海は内海だった」ということです。朝鮮半島とアムール川流域をつなぐ、大きな海に突きだしたアーチの部分が日本列島です。ですから、アムール河の流域から朝鮮半島、中国の一部にかけての地域は、新石器時代以降、日本列島とひとつの大きな文明圏をつくっていたということです。

とくに日本列島と朝鮮半島の南部は、同じ黒潮文化圏ですから、その歴史を考える上で、お互いのつながりをもっと重視して考える必要があると思います。いまの芸能界を見ると、日韓がひとつの世界になりつつありますが、芸能界で起こることは、経済や政治の世界で起こることの先鞭をつけていますから、おそらくこれからの未来的な経済圏として、朝鮮半島の南部と日本は一体となっていくのではないでしょうか。そしてそれはすでに数千年前に準備されていたということです。

私たちは縄文というものを、ひとつの民族のアイデンティティに閉じ込めるのではなく、むしろ大陸側にも太平洋側にも大きく開いてとらえるべきであり、そのためのヴィジョンを獲得できるのではないかと考えて、敦賀・若狭へと出かけていったのです。

中沢新一

日本海
敦賀原子力発電所
高速増殖炉もんじゅ
白木
敦賀半島
美浜原子力発電所
丹生白浜
常宮神社
若狭湾
氣比神宮
日向湖
久々子湖
福井県
世久見湾
水月湖
三方五湖
菅湖
敦賀市
三方湖
若狭三方縄文博物館
美浜町
福井県立若狭歴史博物館
小浜市
若狭町
神宮寺
滋賀県
鵜の瀬

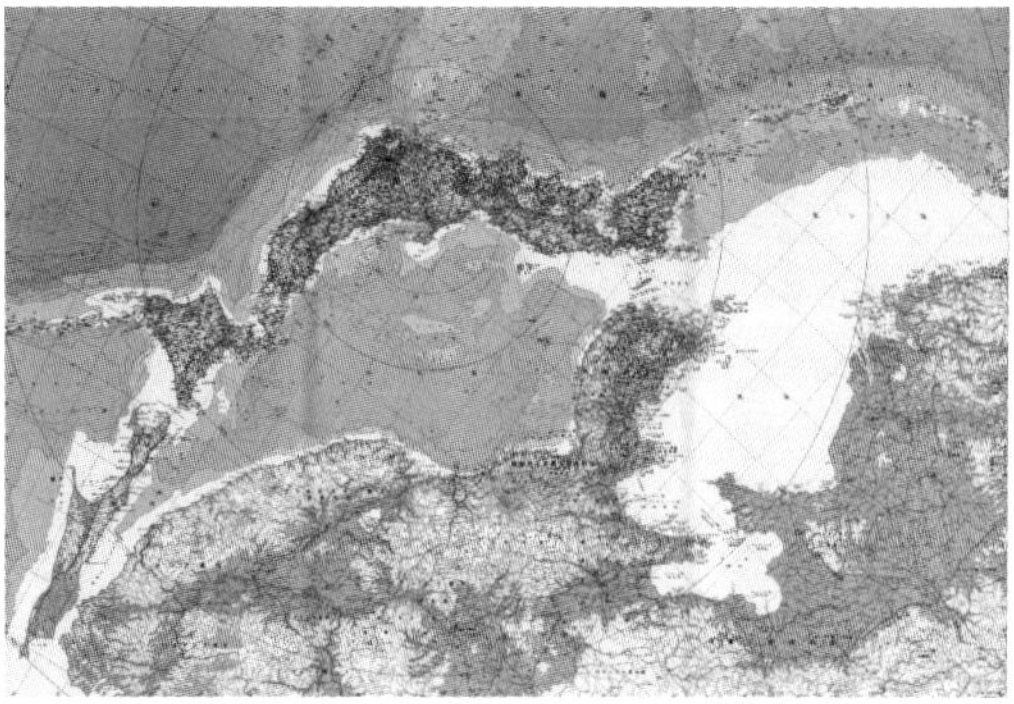

若狭湾に突き出した敦賀半島。氣比神宮、常宮《じょうぐう》神社、さらに、この地方でかつて出産のために使われていた産小屋《うぶごや》を訪ねながら半島を北上した。海岸線に沿って車で走ると、のどかな海辺の風景と、原発施設のものものしさが強烈なコントラストをなしている。北端の集落、白木の里では、「あいの神の森」と呼ばれる聖地を案内してもらった。敦賀半島もまた、海からの来訪神の信仰を色濃く残す土地である。若狭三方縄文博物館、福井県立若狭歴史民俗資料館（２０１４年に「福井県立若狭歴史博物館」としてリニューアル）では、「縄文のタイムカプセル」と言われる鳥浜《とりはま》貝塚から出土した土器や木製品、装身具を見て、縄文人の知恵と技術力に改めて驚いた。

若狭には、奈良・東大寺へ「お水送り」をする「鵜の瀬」があり、人魚の肉を食べて不老不死になった八百比丘尼《はっぴゃくびくに》伝説の発祥の地とも言われる。海中や地底の異界と通じる通路がいまも開かれている。

新石器革命はほんとうに革命だったのか？

中沢　前回行った諏訪は、言ってみれば東の縄文の中心地で、次はどこへ行こうか迷ったんですけど、西の縄文を見たいと思ったんですね。それで、敦賀半島から若狭まであちこち歩いてみたわけですが、このへんはまさに西の縄文だと感じます。

坂本　東の縄文ともちがうし、北の縄文ともちがう印象を受けましたね。いままで縄文は東・北日本、弥生は西日本というふうに、なんとなく思ってましたけど、縄文にも西と東のちがいが色濃くありますね。

中沢　若狭の鳥浜貝塚から出土した縄文土器は、様式的にも京都の北白川下層式とつながりがあるみたいだけど、土器が関西弁をしゃべってるような印象だった。

坂本　きれいだよね。審美的というか、そういうことに神経を使ってる。

中沢　今回、博物館へ行って驚いたけど、東や北のゴテッとした土器とちがって薄手で洒落てる。ぼくらが使ってる陶磁器なんかよりずっとデザインとして優れてるし（笑）。デザインの完成度がものすごく高い。

坂本　利休が見たら、たまげると思いますよ。

中沢　豊かだし、女性的でしぶい感じもあって。縄文中期以降は東の影響を受けて図像表現としては複雑になるんだけど、むしろ草創期から前期のほうが洗練されてる。

坂本　幾何学的な文様だったのが、中期になると絵画的になっていきますね。1万2000年前の縄文草創期に、この完成度を示してるってことは、それ以前にすでに相当な蓄積があったということになりますね。

中沢　いきなりこれになるわけない。

坂本　だとしたら、旧石器と新石器をはっきり区切って考えるのは、どうなんだろうっていう疑問が湧く。農耕だっていきなりはじまったわけじゃなくて、旧石器時代から徐々にはじまっていて、そんなにきっちり分けられないんじゃないかという気がします。

中沢　動物の家畜化も、旧石器時代からやってたみたいですね。これまではずっと、農耕とか家畜化とか、都市の形成というのは、新石器革命の特徴だと言われてきたんだけど。

坂本　ほんとうにそうなのかっていうのを、ここに来て実感しますね。

中沢　「革命」はその前に終わってたんじゃないか。それにしても驚くのは、縄文時代に、あらゆる技術がだいたい、いま、ぼくらが持ってる技術の水準に到達してるってこと。

坂本　織物とか漆工とか、漁労の道具にしても、縄文人が使ってた道具って、つい最近まで使われていたものとほとんど同じなんだね。知能や身体能力も、ホモ・サピエンスが誕生した時点で、すでにわれわれと変わらない状態になってる。生物学的な時間でいったら、10万年なんてたいした時間じゃなくて、そんなに変化しない。われわれのもっている能力は、その時点ですでに人類がもってるわけですよね。だんだん知能が高くなるなんてことはない。

現代の王とサクリファイスの問題

坂本　学生の頃、何度か奄美に行ってたんです。大学で小泉文夫さんに民族音楽を習ってたんだけど、小泉さんが「生きた民謡が残っているのは、奄美しかないよ」って言ってた。沖縄も、最近はまた生き返ってきたけど、当時は形骸化してたみたい。奄美は山が深くて、集落同士のコミュニケーションも少ないんで、古い伝統が生きて残ったんでしょう。ただ、沖縄と同様に、学校で方言を使っちゃいけないという政策で、子どもたちが方言をしゃべれなくなっちゃって、老人の言ってることがわからない。言葉が失われていくと、芸能＝文化も失われていくんだよね。

中沢　ひとりで行ってたの？

坂本　基本的にはひとり。奄美は地理的な位置と同様に、音楽的にも本州と琉球のちょうどあいだぐらいなんだよね。まあ、奄美のことはいいんだけど、太平洋って環状をなしてるじゃないですか。

中沢　黒潮圏。坂本さん、来るときに『黒潮圏の考古学』（小田静夫著、2000年）を読んでたね。

坂本　ちょうど海流が環になって循環しているから、それに乗っていくと、太平洋沿岸のいろんな地域がつながるわけですよね。文化的にもかなり共通点があったりし

斜格子沈線文土器
鳥浜貝塚出土　縄文時代草創期
高さ12・3センチ
福井県立若狭歴史博物館蔵

白木の白城《しらき》神社にて。
新羅《しらぎ》から海を渡ってきた人々がこの地に住みついたと言われている。

て。太平洋の島々からフィリピン、台湾、中国南部、朝鮮半島、そして日本列島へと、ずっと黒潮でつながってるから、黒潮に乗って南から来た人たちもいただろうし。ここ若狭湾も、対馬海流に乗ってこられるところなんで、いまでもいろんなものが流れ着いたりする。距離は離れていても、海流で意外とつながってるんですね。もちろん朝鮮半島の影響も感じます。もっとさかのぼれば、1万年くらい前までは日本海は大きな湖のようなものだったから、旧石器時代には、縄文時代よりむしろ交流は多かったでしょうね。

中沢　朝鮮半島の文化というのは、北方ツングースの影響が強調され

るんですけど、朝鮮半島の南のほうは、対馬海流の文化圏としてとらえられますよね。このへんの遺跡を見ていると、旧石器から縄文時代にかけて、朝鮮半島とは共有の文化があったことがよくわかります。そして、ある時期から朝鮮半島が変質しはじめた。

坂本　中国の政変が朝鮮半島に影響を与えて、それが日本列島にも影響を与えたということですね。

中沢　そういう影響が朝鮮半島を通じて入ってきていて、上に積み重なっていくんだけど、古い形態は基層に残っているのが見えますね。ベースには自然崇拝がある。

坂本　諏訪もそうだけど、もともと聖地だったところへ新しい権力

敦賀半島の最北端の集落、若狭湾に面した白木の「あいの神の森」にて。田の神とも漁の神とも言われる「あいの神」を祀る祠のほか、室町〜江戸時代にかけての石塔、石碑が残り、この森全体が墓地であった。付近からは縄文後期の土器の破片や、奈良〜平安時代の製塩土器なども見つかっている。

が入ってくるときに、現地のローカルな信仰を利用して統治していくことが多い。

中沢　もとからいる宗教的なリーダーは、そういうものすら迎え入れてしまうんだよね。

坂本　地元の宗教的な権力と手を取り合わないと、どんなにハイテクな武器を使っても統治できないわけですね。それはいまアメリカがイラクでやってることを見ればわかる。

中沢　世界中のどの文明を見ても、国家が生まれるときには供犠《くぎ》、サクリファイスが強調される。だけど、サクリファイスというのは本来、王が自分を生贄として捧げることなんですね。国家をもたない社会では、供犠は贈与《ギフト》です。アイヌの熊送り《イオマンテ》だと、自然の王である熊が、自分を生贄として人間の世界に贈与をおこなう。人間は熊に感謝して、ていねいに魂を送り返すことで対称性の関係になっている。ところが国家ができると、人間の王は権力の確立のためにサクリファイスをおこなうようになる。つまり人間が自然を支配し、コントロールできるという考えが出てくるんですよね。今回、福井の海沿いの地帯をまわろうと思ったもうひとつの理由は、現代における自然のサクリファイスの問題が露呈している場所だからです。原発のことですけど。

坂本　原発こそ、現代の王ですね。現代の王は、当然のことながら自らを生贄として捧げないで、他の生命を犠牲にする。

中沢　自然の力をどう搾取するか。

坂本　近代科学の根底にあるのはそれですね。ウランという鉱物から巨大なエネルギーを取り出すというのは、思考法としてはプロメテウス的、もともとは火を取り出すということでしょう。

中沢　きのう、敦賀半島の先端にある白木という場所に行きましたけど、縄文後期の土器も見つかっている「あいの神の森」という小さな聖域があって、その近くに原子力発電所「もんじゅ」がある。海に向かって古代の人が贈与の思考を表現した場所のそばに、原発が立っている光景というのは、じっさいに目の当たりにすると衝撃的だった。それで、さっき、神宮寺の巨木（樹齢約400年のスダジイ）の下で、坂本さんが「木がゆっくり言葉をしゃべってる」って言ってたでしょう。

坂本　うん、そう感じた。

中沢　映画『ロード・オブ・ザ・リング』で、老木がゆっくりしゃべってたけど、自然と人間とのあいだに贈与の関係が成り立っているときには、それを感知できるんですよね。自然は仲間だし兄弟だし、お互いのあいだに交流がある。だけど、近代科学は、それを分離してしまった。そのとき自然はしゃべらなくなる。

坂本　人間に自然の声が聞こえなくなってしまう。

中沢　そうしたときに権力が発生してくるし、近代的な技術形態が発達しはじめる。その技術形態を集約したようなかたちで核技術が登場するわけですね。でもホモ・サピエンスになったときから、国家をつくり、貨幣をつくり、核をつくる未来への道が開かれているんです。ハイデッガーが言ったように技術というのは、そもそも自然の内部からエネルギーを取り出すこと。核技術に至っては、その代償がものすごく大きい。福井県は、原発の密度が高くて。

坂本　15基ありますね。とくにあの美浜原発は、ぼくには衝撃的だったな。負のパワーっていうのか、ビジュアル的にもそういうものを感じさせるデザインでした。

中沢　海岸部につくるのは技術的な理由があるんでしょうけど、人類の歴史を考えると、すごく象徴的ですね。

坂本　産小屋を見に行きましたけど、昔の人は海に向かって子どもを産んで、海からエネルギーを授かってたんだね。

中沢　海沿いというのは聖域で、宗教センターがつくられやすい。「あいの神の森」も、縄文時代、水位が高かったときには海岸ですね。海に突き出した先端に、死者を送る場所も、産小屋みたいに生命を享《う》ける場所もつくるわけで、

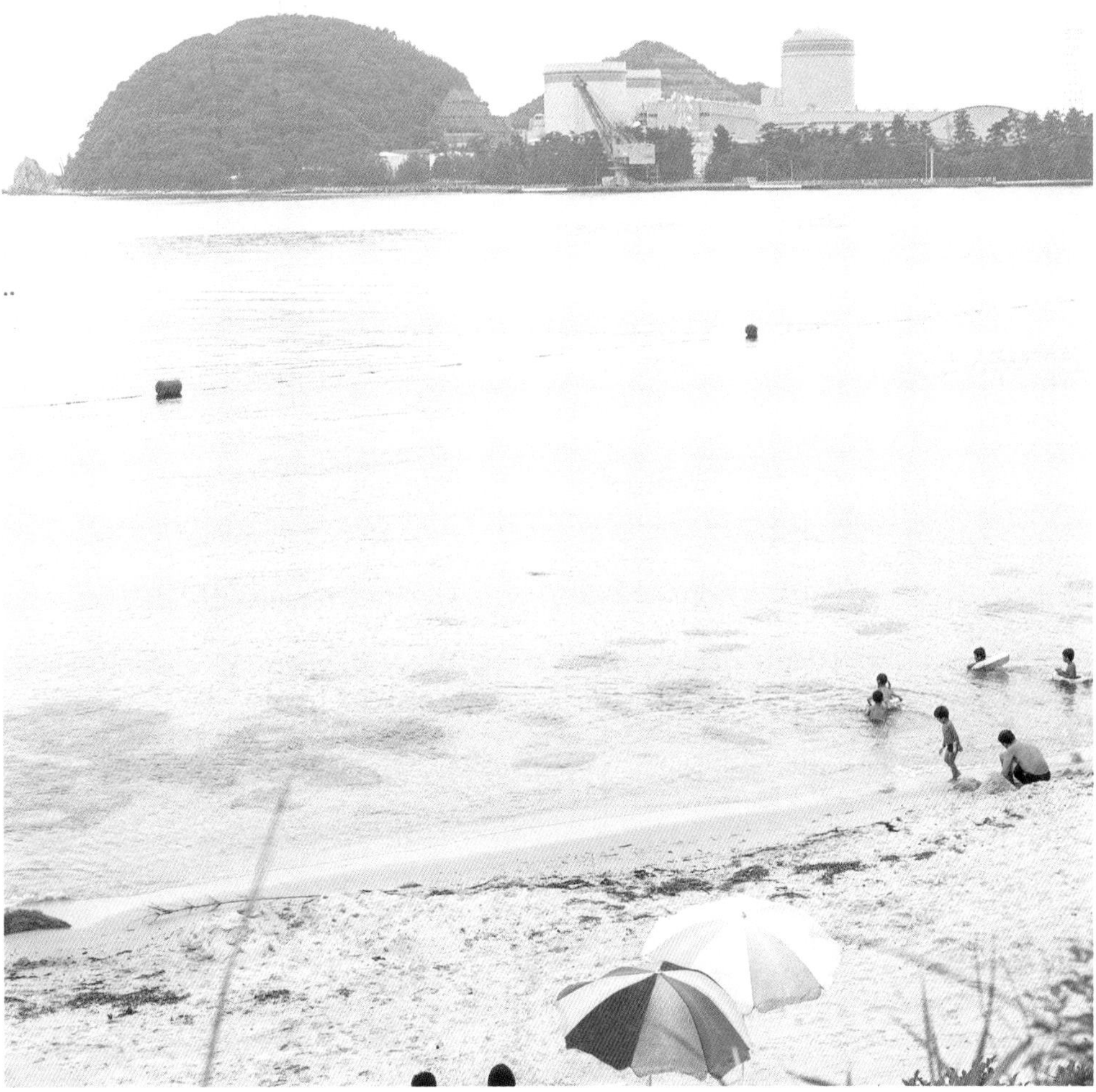

敦賀半島の西岸、白砂の広がる丹生の浦に立つのは、原子力発電所である美浜発電所。

超越的な領域についての思考はいつも先端部でおこなわれる。

坂本　「ミサキ」ですね。海の「ミ」と、境界性を意味する「サッ＋カ行」でミサキ＝岬。

中沢　核技術も科学の先端であって、だから産小屋と原発が並んでる光景は、それらが人間の思考方法のなかで確かにつながっていることを示してるんだけど、意味としては逆なんですよ。

坂本　原発には、本来の意味でのサクリファイスがない。自然からエネルギーを強奪して消費するだけで、人間からは贈与しないんだから。非対称なんですね。

中沢　それをどうやって軌道修正できるかってことだね。古代の宗教、これも一種のテクノロジーですけど、そこには死や解体ということをとおして、新しい生命が人間の世界にもたらされるという考え方がある。そのことをはっきりと認識するためには、ふたつのものをつなぐ第3項があるんですね。死者の魂が海の彼方に行って、またそこから子どもがやってくるとか、死んで生命が発生するとか、生命が死を孕むとか。贈与の考え方のベースには3がある。ふたりの人間が言葉を交わす場合にも、目に見えない第3の存在がいる。それをとおして話すから、お互いの魂が交流する場所が生まれる。

坂本　だから生死を含んだエネルギーの袋みたいなものがいつも考えられていたんですね、生命のカオスみたいなものがね。

中沢　フェリックス・ガタリの「カオスモーズ」というのも、そういうものでしょう。オーストラリアのアボリジニでいうと「ドリームタイム」。

坂本　そういう概念というか、装置がなくなってるよね、現代は。

中沢　ドリームタイムというのは、虹の蛇になったり、ドラゴンになったりして出てくるんですけど、科学はこれを見えなくして自然と人間のつながりを絶ちますから、そうすると二項対立になっちゃうんですよね。原発はこの対立の思考を、極限まで高めていったもの。人間の思考能力の先端部で起こっていることは同じなのに、ふたつがまったくちがう結果を生み出している。

坂本　まちがった使い方をしてるんだよね。

中沢　それはまちがってるんだってことを言うために、ぼくらはいろんなことを考えないといけないところにきている。坂本さんと一緒に縄文の聖地を歩きながらそのことを考えていると、原発のようなものを根源的に乗り越えていく思想をつくっていくことが可能なんじゃないかという気がするんですよ。

坂本　たんに「放射能が害悪だから反対」っていうレベルじゃなくて、もっと根源的な理由があるわけですね。人類の危機だからこそ方向転換しないといけない。気づいてみれば意外と単純なことなんじゃないかという気もする。アイヌの熊送りを見ればわかるように、「いただいたら、お返しする」っていうこと。これを人間は忘れてしまってる。

中沢　「もったいない」の一歩先にあるものですね。

坂本　「もったいない」というのは、まだ自分中心なのかもしれないね。やっぱり自然からいただいたんだから、こちらからも自然にお返しするのが基本でしょう。原発なんてつくってしまって、大変な負を自然に与えてしまっているんだから、ものすごくお返しをしないとバランスがとれないじゃないですか。これからどうお返ししていくのか。

中沢　美浜原発のすぐそばの浜辺では、みんな楽しそうに海水浴してましたけど、あれを見て、異様な光景だと思う半面、一神教の神様の前でみんなが幸せそうにお祭りしているのと、よく似た印象を受けたんです。核技術を生み出した近代科学と、一神教の神様のあり方とは、よく似てます。

坂本　一神教は矛盾、あるいは中間項を許さないから、それをつきつめれば核までいってしまうのかも。

中沢　実際、原爆が出現したときにユダヤ人たちが動揺したそうで

若狭の神宮寺は、714年創建の神仏混淆の寺で、本堂には注連縄が張られている。注連縄の向こうに見えるのは、志羅山《しらやま》。

神宮寺の境内にある樹齢約400年のスダジイ。

若狭小浜を流れる遠敷《おにゅう》川の中流、鵜の瀬。ここで毎年3月2日、「お水送り」の儀式が行われる。近くの神宮寺の閼伽《あか》井戸から汲まれたお香水《こうずい》を鵜の瀬に流すと、東大寺二月堂の若狭井へ届くという。若狭の遠敷明神が、東大寺の僧・実忠《じっちゅう》へ、「漁をしていて修二会に遅刻したお詫び」として霊水を送ったのが「お水送り」のはじまりだという。古代からの信仰と仏教の融合がうかがえる。

鵜の瀬そばの白石神社は、樹齢数百年という椿の群生地。

す。それはユダヤ人の神のあり方と原爆のあり方が、あるところでよく似てたからで。しかもそれをユダヤ人の技術者たちがつくり出した。一神教の神様の前で人々が幸福でいる光景は、ぼくらみたいに縄文的な感性をもってると異様に見えるわけだけど、違和感を覚えない人たちもいるんですね。

坂本　一神教の神は、自分以外の神を愛することを許さない。イエスかノーか、二者択一を迫る。「友人でなければ敵だ」というブッシュの発言が象徴的だけど、それが現代の政治や科学を追い込んでしまっている。

中沢　原発は、現代の技術のひとつのピークなんだけど、それについての明確な位置づけは、これまであまりなかったように思う。ハイデッガーの『技術論』が、そのなかではいちばんすぐれているものだと思うけど、ああいうものを飛躍させていくには、縄文とか、ホモ・サピエンスとか。

坂本　人類学的に考えないとね。

中沢　『技術論』をリユースしたいんだ。

坂本　ぼくもあればっかり繰り返し読んでる。

中沢　ＹＭＯがデビューしたとき、雑誌で愛読書を紹介する企画があって、坂本さんが『技術論』を挙げてたの、覚えてる？

坂本　ぜんぜん覚えてない（笑）。

中沢　ＹＭＯって、音楽と技術の結びつきを主題としていたところ、あったでしょう。コンセプトのなかに『技術論』がセットされてたんだね。その技術にたいする関心は、いまの坂本さんの原発にたいする関心にも結びついていて、坂本さんがやってる「ＳＴＯＰ ＲＯＫＫＡＳＨＯ」の運動も、その延長線上にあるでしょう？

坂本　言われてみればそうですね。

中沢　音楽をやることと核技術を開発すること、そこには共通するものがあり、また離反していくものがあって、その両方の可能性を人間は抱え込んでいるんですね。それをこの日本海沿岸で目の当たりにしました。「旧石器のハイデッガー」という発想が必要だと思う

鳥居の奥が鵜の瀬。

んですよ。

坂本　そのとおりだ。

旧石器時代、音楽は豊かだった？

中沢　縄文草創期にこれだけの土器ができたってことは、それ以前は、音楽が盛んだったんじゃないか。というのは、音楽や神話が発達している社会では、図像表現があまり発達しないもので。

坂本　音楽は豊かだったのかもしれないですね。それが何かのきっかけで、だんだん図像表現に移行していった。

中沢　音楽と神話というのはもともとても近いものなんですね。図像表現がそっけないときには、神話と音楽が発達する。

坂本　踊りもね。

中沢　ピグミーは音楽がものすごく発達してる。

坂本　全精力を傾けていたとしか思えない。ピグミーの音楽ってものすごく複雑で、彼らは数学的な快楽を音楽でやってたんじゃないかっていうくらい数学的。

中沢　ピグミーの神話って意外と貧弱なんですよ。その思考能力をほとんど音楽に使ってるのね。

坂本　音楽が神話であり、数学だった。

中沢　ヨーロッパがそうでしょ。あるときから神話が廃れて、すべて音楽になった。ヨーロッパの最大の飛躍点は、グレゴリオ聖歌だったんじゃないかな。

坂本　転換点がね。

中沢　ポリフォニーができて、神話的思考を音楽でやるようになり、バッハまで駆け上がっちゃう。だからそう意味でいうと、旧石器から縄文のはじめにかけては、音楽が盛んだったのかもしれない。

坂本　そんな気がしますよ。旧石器時代や縄文時代の音楽というのは、ひじょうに気になるところで、いろいろ調べてはいるんだけど、よくわからない。楽器も石笛《いわぶえ》、鹿笛くらいで、あんまり出てこない。

中沢　きのうの夜、坂本さんが世界各地の音楽を聴かせてくれたんだけど、アイヌ、奄美、沖縄、ハワイのチャント、それから江戸の木遣りもすごかったね。

坂本　あの木遣りはね、どうしても弥生の感性には聞こえないんですよ。もっとワイルド。狩猟民の声に感じるんです。昭和の録音だけど、まだあんな声を出してる人がいるってことが感動的ですね。あれは弥生人ではない、縄文人の声だっていうのは、音楽家としての直感ですけど。

中沢　なんとなくわかります。いろんなところで声が発せられていて、全体としてみると、ひとつのハーモニーができてるんだけど、ひとりひとりはそれを意識してない。

坂本　中心がない合唱。中心が抜けてるのかもしれない。縄文の環状集落と同じ構造かな。みんなが最大のエネルギーで声を出している、そういう場所。ピグミーの合唱もそう。ところが国家ができると、ひとりの歌をみんなが聴くというかたちに変わる。ソロで歌うというのは、神の代理なんだよね。神の代理人である王が陳べることを、民衆が聴くというかたちに変わってくる。

中沢　「お客様は神様です」というのは逆説で、歌手が神の代理だってことを言ってるんですよね。

坂本　ところが、あの木遣りは全員が叫んでる。雄叫びというか。うちは両親とも九州なんだけど、おばあちゃんが九州弁で「叫ぶ」ことを「おらぶ」って言ってたのね。木遣りって「おらぶ」の感じなんですよ。たぶん縄文の祭りではみんな、おらんでいたんだと思う。

中沢　諏訪の御柱祭の木遣りも叫んでますね、天に向かって。

坂本　これは「国家以前」であり「国家以後」だと感じる。

中沢　ぼくらは若い頃から「国家以後」について、かなりこだわって考えてきたじゃない。

坂本　アカだったからね。

中沢　アカだったから（笑）。当時はマルクスなんかの影響を受けて思考してたけど、マルクスが考えていたことをもう一段階ステージアップできるんじゃないか。そこ

三方五湖をめぐる遊覧船上にて。鳥浜貝塚からは丸木舟が出土している。縄文人たちは丸木舟で海へと漕ぎ出していったのだろう。

で音楽が重要なんです。音楽の領域と政治や経済の領域で起こることというのは本質的には同じ。音楽にあらわれる様式の変化と、国家や資本主義のシステムの変化はシンクロしている。やっぱりいま、思想が衰弱していることを考えると、音楽の力は大きいんじゃないかと思うんですね。

坂本　おもしろいのは、音楽が大きな影響力をもつに至ったのは、20世紀に資本主義システムが強大になった結果でもある。たとえばU2のボノなんて、彼が動かせるお金や、彼が影響を与える人口で見れば、ひとつの国家をゆうに超えている。すごいことだよね、ひとりのミュージシャンが国家を超

元敦賀市義で、白木区長を長年つとめた郷土史家、橋本昭三さんのお宅にて。「200年、300年後にも残るように」と、耐久性のある和紙に手書きでこの地の歴史をつぶさに記録。膨大な文書とその情熱に敬服。

える存在だというのは。

中沢　ぼくはそれを環太平洋でやりたいんです。環太平洋の大きな思想の環があって、それは国家とか貨幣とか核とかを相対化していく思想を内在している環なんですね。環太平洋の知恵と音楽を集めてアーカイブをつくって、それを平和のための「武器」にしたい。

坂本　ハワイのチャントを聴いていると、北米インディアンの歌にも似ているし、アイヌの発声法にも近いし、環太平洋の文化圏というものが存在したことが実感できます。

中沢　環太平洋文化の共通地盤があって、しかもそれぞれの地域で咲きいずる花は少しずつちがうっ

若狭三方縄文博物館にて。

ていうのがすばらしい。

坂本　人類の文化に純粋な文化なんてありえなくて、すべてハイブリッド。

中沢　音楽もまさにそうですね。

坂本　ハワイといえば、ぼくはリゾートっていうのが苦手なんですよ。バハマへ行ったり、何回も試したんだけど、ダメだった。楽しくない。

中沢　ぼくも一度だけタイの高級リゾートへ行ったけど、合わなかったな。

坂本　はっきりわかったのはハワイに行ったとき。地元の中学生や高校生のチームがやってるフラダンスのショーを見たんですね。それがすばらしくて。フラダンスの歴史を紹介しますと言って、最初に自分たちの祖先がタヒチから星を頼りに船でやってきて、ハワイの島にたどりついて、という喜びのチャントからはじまるんです。チャントって神話でもあるんですね、アイヌのユーカラのように。それは全くいわゆるハワイアンではない。古代チャントは、ひじょうに呪術的なんですね。だけどそこにアメリカ人が入ってきて、プランテーションができると、音楽が変わっていくんです。さらに鉄道ができたら音楽が変わり、リゾートホテルができるとまた変わり、というふうにして、20世紀のはじめに、ぼくらがいま知ってるハワイアンが成立する。ぼくは世界中のあらゆる音楽が好きだけど、カントリー&ウェスタンとハワイアンだけは嫌いなのね。聴く気にならない。それがなぜか自分でもわからなかったんだけど。

中沢　はたと気づいたのね。なぜリゾートが嫌いなのか。

坂本　二度と行くもんかと。

天皇制を支える日本人の心理構造

中沢　同じ縄文でも、諏訪と若狭ではずいぶん感性がちがう。おもしろいよね。

坂本　このへんも、諏訪とはまたちがう意味で、大和にたいしてものすごく強い思いをもってるのを感じたな。それは半島との関係があるわけだけど。

中沢　それも前回と今回との大きなちがいですね。諏訪の人は、ものすごく強い反国家意識のもち主だったでしょ。諏訪にいて縄文とか考古学に興味をもってる人は、みんな反大和。ところが、ここの人たちは、そうじゃない。

坂本　プロ大和だったね。

中沢　きのう、お話をうかがった白木の橋本昭三さんは、この地域の歴史を詳細に書き残していて、原発の建設をめぐる経緯についても、公正中立の立場で推進派の意見も反対派の意見も記録している。「200年後の人々に向けて書いてるんです」ってガウディのようなことをおっしゃってましたけど、そこには200年後も日本の国家、国体は同じであるという前提がある。だからすごくニュートラル。これが信州の人だったら、反対派の意見をあれほど冷静には記録できない(笑)。

坂本　そこはやっぱり、勝者と敗者では態度もちがってくるよね。征服された側の怨念は強い。

中沢　こっちは征服した側の余裕。自分の判断は保留にして、国家がやることには従う。そこには、天皇家は半島から来てるし、自分たちも半島からやってきたっていう強烈な意識があるんでしょう。

坂本　国政を司るのは同じルーツをもつ人々だから、それと一体なんだ、という心理構造。だからこそ強烈に日本人になる。

中沢　誰よりも強い愛国心をもっていて。天皇制をどういう意識が支えているのか、その心理構造を垣間見た気がする。

坂本　一側面は見たね、ここで。だから「もんじゅ」も受け入れる、と。記録することに関してはすごい執念でパッショネイトなのに、内容はクールっていうのがおもしろい。

中沢　あれは鳥浜貝塚の土器のクールさに通じる。

坂本　主張しない。縄文にもいろいろあるなあ。

中沢　日本は多様。

坂本　多様な因子が集まってるか

若狭・神宮寺の境内。

らね。日本は、島国でいちばん端っこだから、いろんなものが全部流れ込んでくる。しかも、いろんな時代に、あっちからもこっちから集まってきて、それが堆積してるからおもしろいんだよね。

中沢　旅はしてみるものです。

坂本　今回はやっぱり原発に衝撃を受けた。実際に自分の目で見ると、何かを強く感じるし、いろいろ考えることがありました。

（若狭・敦賀への旅　2006年7月23日〜24日）

第三章　奈良・紀伊田辺

奈良・紀伊田辺へのいざない

紀伊田辺へ坂本さんと行こうと思ったのは、ぼくにとっても坂本さんにとっても、南方熊楠という人が大きな存在であり続けているからです。坂本さんのアルバム『音楽図鑑』（1984年）の背後にあるのは、あきらかに南方熊楠の存在だったし、ぼく自身は『森のバロック』（1992年）という本を書いて熊楠の心の世界を解き明かそうとしましたが、熊楠については繰り返し何度でも考える必要があると思っています。

　民俗学者といっても、南方熊補が興味をもっていたのは、柳田国男や折口信夫《おりくちしのぶ》が見つめていた古代よりももっと古い、とてつもなく古い時代のことです。人類が思考能力をもちはじめた最初に起こったことに深い関心を抱き、旧石器時代の人間の思考や想像力に接近していこうとする研究をおこなっていました。熊楠は、人間というものを、動物や植物と区別できるものではないと考えていたのだと思います。人間のなかには、たまたま思考や記憶や想像の領域が開かれているけれども、その本質は、もともと自然のなかに隠れていたものが、脳の部分にあらわれているにすぎないというふうに、彼は考えていたのでした。

　そして、そのような熊楠の思想は、東大寺のお水取りという古代から続くお祭りとも、深いところで通じていることに、あとから気づくことになりました。

中沢新一

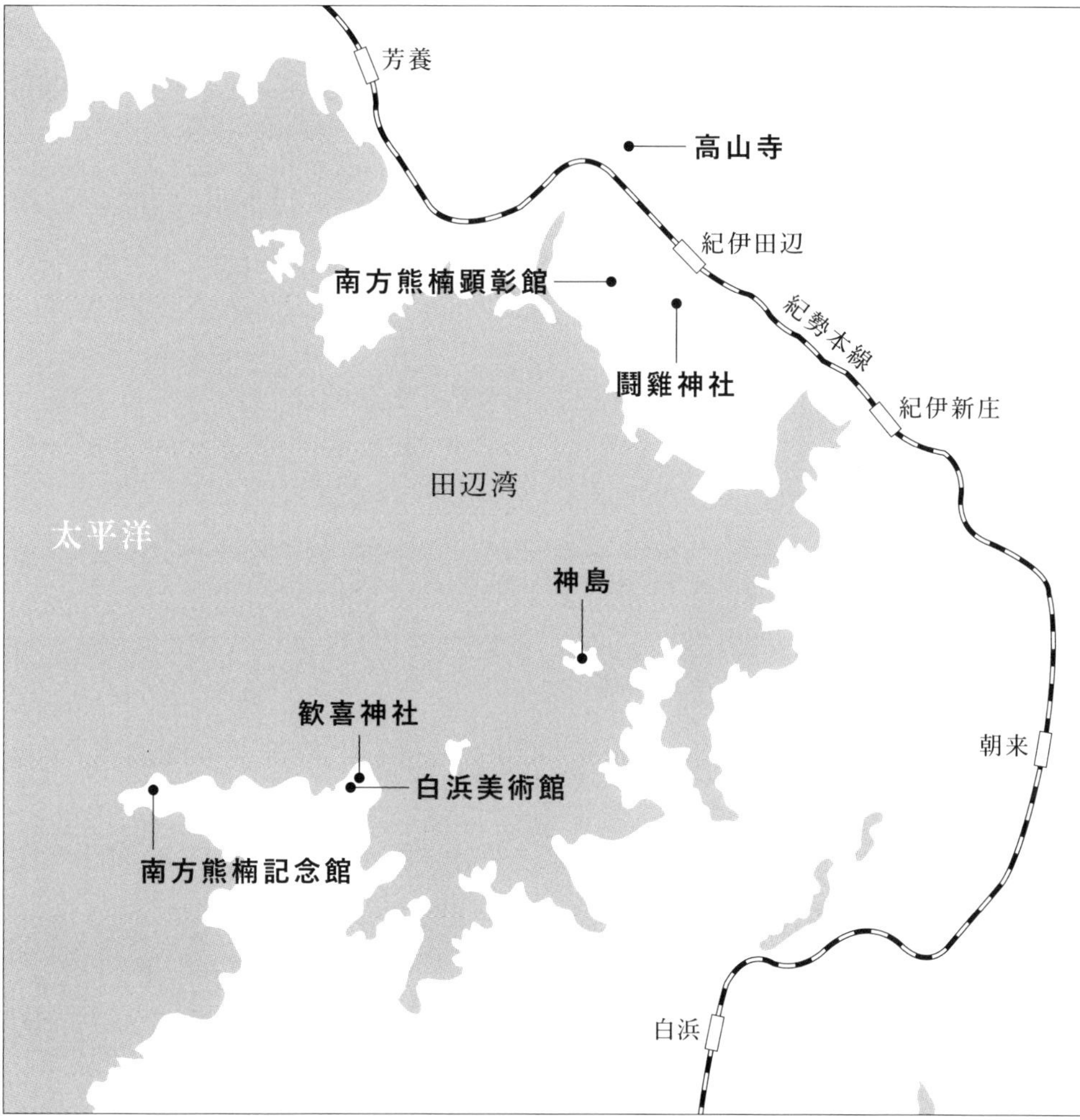
芳養
高山寺
紀伊田辺
南方熊楠顕彰館
闘雞神社
紀勢本線
紀伊新庄
田辺湾
太平洋
神島
歓喜神社
白浜美術館
南方熊楠記念館
朝来
白浜

奈良時代から続く東大寺二月堂のお水取り（修二会《しゅにえ》）を見るため、3月12日、東大寺を訪れた坂本さん。夜7時頃、二月堂の舞台を炎が駆け巡るお松明《たいまつ》で幕が開き、二月堂のなかでは荘厳な法要が繰り広げられる。クライマックスの深夜2時、若狭井から汲んだお香水《こうずい》をご本尊の十一面観音に捧げ、春を呼ぶお祭りが無事に終了。

翌日は、白浜で中沢さんと合流して紀伊田辺へ。田辺湾に浮かぶ国指定天然記念物の神島《かしま》に渡ったり、南方熊楠邸、隣接する南方熊楠顕彰館、さらに熊楠の墓所であり縄文前期の遺跡も見つかっている高山寺など、熊楠ゆかりの地を歩いた。

古代を凍結した祭り

中沢　東大寺のお水取りは、どうでした？

坂本　お松明が有名だから火の祭りというイメージもあったんだけど、お水取りという名前のとおりメインイベントは若狭井から水を汲む儀式で。

中沢　前回行った若狭の「鵜の瀬」から、地下でずっとつながっているという井戸ですね。

坂本　水を汲む儀式は、お祭りのクライマックスで、それまでに二月堂のなかで法要がおこなわれる。いろんな儀式が複雑につぎはぎされた、ひじょうに長い法要なんですね。東大寺の方の説明を聞くと、お松明はたんなる道明かりで、舞台の上で走って火を落とすのも、たんに火を消してるだけなんだということなんですが、もちろん、そうとは思えない。ものすごく演劇的なんですね。あれはあれで、火の信仰としてペルシャからきているのかな、という気もします。ぼくはちょうど二月堂の正面から見ていたんですが、お松明が二月堂の向かって左側の階段を下からずっと上がっていくのは、火が地中から上がっていくというメタファーかな。それが最初の儀式。夜7時くらいにはじまりいろんな儀式があって、深夜2時くらいに、今度は右側の階段を咒師《しゅし》や練行衆らの行列が下りてきて水を汲む。若狭井のなかにはその年の当番のお坊さんしか入れないし、なかで見たことを誰にも話しちゃいけないそうなんです。言い伝えによると、昔々、岩盤が割れて白と黒の鵜が飛び出し、そこから水が湧き出した。それが若狭の鵜の瀬からきた水だそうです。

　お堂のなかでおこなわれる儀式は、すごく音楽的、演劇的に構成されていて、相当できる人間が演出したんだろうなという感じですよ。鉄鈴みたいなものを掛け合いで鳴らしたり、そこに声も絡んでいく。法螺貝も数種類あって、適当に吹いてるようだけど、よく聴くといいハーモニーができている。それからカラカラッという音のする、おそらく瓢箪に乾いた種を入れたものを使っていて、それはいちばん上の僧侶が何かの合図に鳴らしているようでした。

　僧たちが五体投地をやるんですけど、チベット仏教の五体投地とはちがって、床の上に板を敷いて、その板に体をガンと打ちつけるようにして音を響かせる。それから走りの行法でも、わざと下駄を踏み鳴らしながら走り回ったりして、全体的に音の乱舞という印象でしたね。かなり暴力的な音で、雷なんかを連想させます。音の力で冬を打ち破り春を呼ぶということでしょうね。

中沢　冬から春にかけてのお祭りで、力強いノイズを立てるのは世界中で見られますね。お水取りも、古代がそのまま生き残っているようなお祭りですよね。

坂本　そんなお祭りが７５２年の創始から１２００年以上、一度も途切れることなく毎年続いていることにも驚いたんですけど、一番印象的だったのは、縄文に通じる土着信仰と、整備されつつあった神道、それから外来の仏教、その3つがキメラのように合体して、そのまま「凍結」されて千何百年も残っているということですね。古代の信仰が野性的なかたちのまま保存されている。京都のお寺で感じる洗練された仏教とはちがって、土着信仰も平気で許すような野性的な仏教。いろんな要素が複雑に接ぎ木されてるんだけど、融合はしてないんですよ。しかも東大寺というのは、当時の国家の中枢の寺院だったわけですからね。

中沢　中世に神仏習合が強くなっていくと、なるべく継ぎ目がわからないように合体させてしまうんだけど。

坂本　上から漆を塗ったり、金箔を貼るようにして。

中沢　いろんなものを取り込んで、自分のなかにやんわり抱きこんじゃうというのも日本文化の特徴なんだけど、ひと皮むいてみると、いろんな要素の複合体でできている。それを見えなくしちゃうっていうのが、日本文化のテクニックであると同時に、ちょっとずるいところ。だけど、お水取りは、継ぎ目がわかるようなかたちで残ってますね。

坂本　融合はしてないんですよ。

中沢　坂本さんが「凍結」って言ったけど。

坂本　ずっと変えなかったので、むき出しになっている。

中沢　それがおもしろい。それをぼくらは求めてるんですよね。日本文化としてひと括りにしてしまって、マイルドにつないでしまっているものを解体する時期にきている。そのことをこの20年くらいずっと考え続けてるんですよ。

坂本　どんどん引っ剥がしたい。古代というのは地層を掘らないと出てこないと思っていたけど、諏訪のように地表に露出しているところもあれば、表面を剥がすとすぐその下に接ぎ木状態が見えるところも、じつはたくさんあるのかもしれない。

春を呼ぶお祭り、東大寺二月堂の「お水取り」。お松明の火の粉をかぶると無病息災と言われ、大勢の参拝者がつめかける。

099

田辺湾に浮かぶ神島《かしま》。その名のとおり、古くから神の島と信じられ、手つかずの自然が残されている。熱帯・亜熱帯植物や粘菌の宝庫であるこの島を熊楠は愛し、守ろうとした。その甲斐あって、1953年に国の天然記念物に指定された。

結界をめぐらした閼伽井《あかい》屋、このなかに若狭井がある。

東大寺・新禅院ご住職（当時）の森本公穣師にご案内いただく。お松明は3月1日〜14日まで毎晩おこなわれ、12日はひときわ大きな籠松明を用いる。

超古代と超近代が合体した熊楠

中沢　今回の旅で、南方熊楠の精神の中心地へ来たかったのは、「未来に向かっての縄文文化」を考えるときに、熊楠の思想や、彼がやろうとしていたことは、ぼくらがこれから目指していくことのひとつのモデルだと思うからなんです。熊楠は、のちにミナカテラ・ロンギフィラと名づけられることになった新種の粘菌を、自宅の庭の柿の木で発見してるんですね。なんということはない、普通の柿の木です。熊楠が発しているメッセージのなかには、この世界で貴重なものを見いだすのは、なにも特別な場所ではなくて、自分の住む町であったり自宅であったりするという考え方がある。熊楠が裸で木立のなかに立っている「林中裸像」という写真があって、深い森のなかで撮影されたように見えるんですけど、じつは田辺の町の小さな裏山なんですね。熊楠は、われわれが知らずに暮らしているけど、その空間にはじつはひじょうに古いものとか、まだ誰も見たことがないものとかが潜んでいるという考え方をしてる。ぼくはこの考え方にはずいぶん影響を受けてきて、それがアースダイバーにもつながってるんです。

坂本　今日もまさにアースダイバーだなと思いながら歩いてました。日々歩いている場所が、じつは縄文の遺跡だったりするるんですよね。この田辺も、大きな縄文遺跡はないかもしれないけど、町のなかに露呈している超古代的なものを、熊楠はビシビシ感じながら生きていたんでしょう。

中沢　近代人でありながら、旧石器の感覚もある。

坂本　超近代的な科学という方法で、英語を使って世界に発表するところと、超古代的な感覚とが合体していて、接合部分を隠すこともない。

中沢　うまく接合できないザラザラの表面を、そのままポンと出すのが熊楠のやり方ですね。シンデレラのように子どもでも知ってい

生物学者でもあった昭和天皇と熊楠の出会いが実現した
神島の浜辺にて。

る話が、おそらく旧石器時代から続く人類の最古の思想に触れていることを直感的につかんで、ユーラシアの東の端と西の端の伝承を調べて、それを立証してみせるわけですよね。

坂本　直感力ですね。1987年に『NEO GEO』というアルバムをつくったんですけど、まったく同じ考えというか感覚ですね。たとえば美空ひばりを聴いていると、ぼくにはアラブ音楽に聞こるわけですよ。どこかで水脈はつながってるはずだと思う。そう簡単に同一だと言ってはいけないんだけど、空間的な距離を超えて、類縁性のあるものが世界中にあることに気づくと、ものすごくおもしろくなる。

中沢　本来ちがう文化、感覚、思想だったものをひとつにつないで、なめらかに連続した多様体みたいなものをつくっちゃう。それが発達しすぎているのが、近代以降の文化。

坂本　それがまさにフーコーがあばこうとしていたことですね。

中沢　不連続面があるってこと。古代文化では、「異質なものの共生自体が文化である」という考え方があったし、じっさいに日本にも不均質なものが共存していた。ところが中世以降、それが変わってきて、近代になるとさらに均質化が広がった。実際には経済格差や権力格差というかたちで差別は存在しているにもかかわらず、日本は均質であり単一であるという思考を進めてきている。これが日本の保守政治家のスタンダードな考え方になっているけど、その思考はそんなに深いものではないんです。天皇家の神話を見ると、先住民族と結婚したとはっきり書いてあるわけだから。そういうことも隠してないんですね。さっきのお水取りの話と似ていて、自分たちがハイブリッドだったり、権力の構造が雑食でできているのを隠す必要がなかった。ところがある時期から、系統はひとつであるとか、文化は単一性をもっていると言い出すようになる。

坂本　日本人が多民族であるのは、

顔を見てもそうで、アジアのあらゆる顔が日本にあるでしょう。

中沢　だから、ひじょうに古い要素が町中の意外なところに出てもおかしくない。

坂本　神社もそうですね。いろんな部族の信仰の跡だったのを、神道の神社ってことにしちゃう。

中沢　アースダイバーをやっているときに、町を歩きながらどういう作業をしたらいいのか、方法論をつくろうと思ったんですね。で、神社に来たら、いまある社殿を取り払ってみて。

坂本　下に何があるか。

中沢　そう。それから、神社を取り巻いている空間が、どういうふうにできているかってところから入っていく。

坂本　それを音楽でもやりたかったんです。音からたどることができるだろうっていうのは、10代の終わり頃からずっと考えていることなんです。ぜんぜんやれてないけど、ほのかに夢としてまだ残ってます。おおまかには、南島・インドネシア系のもの、朝鮮半島経由のもの、それからもっと北方ルート、その3つくらいかもしれないけど、それを音でたどることができると思うんですね。われわれがしゃべっている日本語も、お水取りと同じように、いろんなものが入っていて、それを統一された日本語だと思って無意識にしゃべってますけど、そうじゃないわけですよね。いまは天皇自身が、祖先は朝鮮半島からやってきたと公に言っているわけですしね。

中沢　天皇家は古代的な思想を持続していて、しかも古代的すぎて、近代的な統一国家づくりにそぐわないから象徴になったってことかしら。

坂本　いまの皇太子（徳仁親王・当時）はエコロジストでもある。環境問題に関心が高い。

中沢　そのもとにあるのは、昭和天皇の思想と行動だと思うんです。きょう、ぼくたちも神島に渡りましたけど、昭和4年に神島の浜辺で、熊楠は昭和天皇に謁見するわけですね。

坂本　ふたりで何度もお辞儀し

神島には、田辺の龍神《りゅうぜん》山から龍神が渡ってくると信じられている。島全体が天然記念物のため上陸禁止だが、今回は特別に許可を得て渡島できた。

合ったというのが、微笑ましい。天皇から熊楠に会いたいと言ってきたのに、田辺市のほうは信じられずになかなか熊楠に伝えなかった。でも、どうやら天皇は本気らしいとわかって、あわてて書簡を送ったっていうから、おかしいですね。

中沢　神島におけるふたりの出会いは、日本の歴史のなかでも、こんなに美しい光景はないんじゃないかと思うんです。お互いに歌を贈り合って。熊楠が「一枝もこゝろして吹け沖つ風わが君皇《すめらぎ》のめでましゝ森ぞ」と歌った。熊楠が亡くなってから、今度は天皇が「雨にけふる神島を見て　紀伊の国の生みし南方熊楠を思ふ」と。昭和

神島に導いてくれたのは、南方熊楠顕彰館館長（当時）の中瀬喜陽《ひさはる》さん。

天皇は当時の近代国家の中心的存在ですけど、そのときの熊楠と天皇の出会いは、そんな近代的なものじゃない。むしろ、紀州の地霊と天皇との出会いで、お互いを認め合っている。

坂本　アイヌの人たちが自分の土地を離れてどこかへ行くとき、行った先の土地の神様に御礼と祝福を述べてから足を踏み入れるというエチケットがありますが、それと同じですよね。

『森のバロック』は坂本さんが先につくっていた!?

中沢　熊楠は紀の国の地霊ですね。

とても頭のいい地霊だった。その人が自分が何者かを知るために、まず世界大漫遊旅行に出かけたでしょう。アメリカ、キューバからヨーロッパに渡り、当時の学問の最先端だったロンドンで学んで、ここへ帰ってきた。帰ってきたらもう二度と動かない。

坂本　頭のなかで旅行すればいいから。

中沢　もう行く必要がない。自宅と、闘雞神社のあたりと熊野の森を採集して歩きながら、ここが宇宙全体になっていく。日本人の世界ということを考えるとき、この熊楠の存在のあり方がすごく重要な意味をもってると思うんですね。それで、坂本さんにも神島へぜひ上陸してもらいたかった。だって、ぼくが『森のバロック』という本を書いてるって聞いて、坂本さんが先につくっちゃったんだもんね（笑）。本本堂（註）で。

坂本　そんなこともあったね。すっかり忘れてたけど（笑）。

中沢　坂本さんの『音楽図鑑』にしても、根本にあるのは博物学的な発想でしょう。近代的なものをひと皮むいたところにあらわれてくる、不均質なものが並んでいる状態。博物学とは、均質性を認めないってこと。ひとつひとつの生物種がぜんぶ個性。ところがいまの生物学は、ゲノムや遺伝子という単一原理で、多様性を説明しようとする。

坂本　ユダヤ教的、つまり一神教的な発想だよね。

中沢　一方、博物学の考え方は多神教で、一個一個の神々が同格で並び立っている世界。熊楠は、そういう古代的な存在のあり方の原理として、南方曼陀羅ということを考えたわけですよね。熊楠の世界に、まだわれわれは追いついていない。だからぼくも『森のバロック』を書いたけど、まだまだ不十分で、何度も何度もやらないと。

坂本　バージョンアップしないと。

中沢　その必要があって、まだまだ今生《こんじょう》の仕事は終わりって言えないんですよね。

坂本　宇宙を読み解く方法も、少し前までは、ひも理論なんて言っ

昭和天皇行幸(昭和4年)の翌年に建てられた記念碑には、熊楠が詠んだ「一枝もこゝろして吹け沖つ風わが天皇のめてましゝ森そ」という歌が刻まれている。そして昭和37年の行幸では、昭和天皇が神島を望み「雨にけふる神島を見て　紀伊の国の生みし南方熊楠を思ふ」と詠まれた。

てたけど、次に移ってる。いまは十一次元なんて言ってるけど、それも変わっていくだろうし。

中沢　二十次元を超えるくらいになるんじゃない。

坂本　どこまで行っても読み解けないんだろうけど、結局、どういう見方も許すようにできているんですよ、自然というのは。それがぼくの自然観。だから、こういう道具を用意したら、こういうふうに見えるということであって、熊楠はきっと、かなり変な見方をしていたでしょうね。

中沢　子どものときから生物学の訓練をして、動物や植物を見る目を身につけた人じゃないと、わからないかもしれない。

熊楠の菩提寺である高山寺は、田辺湾を望む高台に位置する。寺苑にあった日吉神社周辺は熊楠の採集地だったが、この神社の合祀と神木の伐採がきっかけとなり、神社合祀反対運動に取り組んだ。

熊楠と何を話しているのだろうか。

高山寺には、合気道の開祖である植芝盛平翁の記念碑もある。

坂本　昭和天皇は、そういう訓練を受けてきた人だから、お互いに通じ合うものがあったんでしょうね。

中沢　熊楠の場合は、感受性が縄文よりもうちょっと深くて、旧石器時代までたどりついてしまう感覚をもっている。

坂本　田辺は、旧石器の聖地なんですね。

中沢　田辺が生んだもうひとりの偉人、合気道の創始者の植芝盛平さんだって、そういう思想ですよね。

坂本　ぼくは合気道には前から興味があって、ちょっと齧ったりもしてたんですが。たんに力の強い者が勝つのとはちがう身体の使い方があるはずだと思って。植芝盛平さんもすごい人ですね。出口《でぐち》王仁三郎《おにさぶろう》のボディガードだった時期もあったけど、やっぱりある種のシャーマンなんでしょうね。最晩年のビデオを見ると、宇宙の軸みたいなものがあって、棒でその宇宙軸をかきまぜてるの。で、弟子たちに「打ちかかってこい」って言うんだけど、ぜんぜん打てない。すごいですね。そんなふたりがこの田辺にいたなんて。

中沢　二大地霊ですね。

共有地を後世に伝えていく作業

坂本　9・11の後、人間のことだけを考えていてもダメだと思って、『ELEPHANTISM』（2002年）というDVDブックをつくったんです。

中沢　そのつど坂本さんは正しい思考のルートをたどってると思います。

坂本　すべて直感です。

中沢　たとえば『ELEPHANTISM』の場合、音楽をとおして、その思想はみんなに理解されていきました？　坂本さんの音楽として楽しんだり、したりする人はたくさんいるけど、その背後にある思想も理解されたと思いますか？

坂本　あまり思いませんね。

中沢　芸術家は直感的に先へ行く

けど、芸術家が着想したものをみんなが理解するためには、その手助けをする作業が必要で、熊楠の場合もそうなんです。熊楠は時代に超出したけど、ずっと長いこと孤立し続けてきた。熊楠の思想を現代に生かすためには、その思想に組織を与えないといけない。組織を与えると、直観力の芸術性とか、天才性は失われていくんだけど、みんなが天才の着想を理解するためには必要なんですね。凡庸化の作業であっても、それを同時に進行させていかなきゃいけないなと思う。『森のバロック』を書きましたけど、やっぱり理解されなかった。だいたい、ぼくの書いたものって「なかなか、いいですね」とは言われるんだけど、理解されたってこと、ほとんどない。

坂本　あ、そう（笑）。

中沢　ところが最近になって少しずつ理解されるようになってきた。十数年前に書いたものより、いま書いてるもののほうがリアクションがいいんですね。この変化のひとつの原因がインターネットだというのは、よくわかります。

坂本　インターネットの力は大きいですね。ウィキでどんどんためていって、どんどん訂正して、ということが日々おこなわれているから、この影響は大きいですね。そこからコモンズ（共有地）という考え方につながっていきました。「ｃｏｍｍｍｏｎｓ（コモンズ）」というレーベルをつくったのも、そういうところからなんです。

中沢　なんでこの対談をやりたいと思ったのかその理由が自分でも少しずつわかってきたんですけど、ひとつは、もっといろんなものを自分のからだのなかに取り込みたいという、自分たちのため。もうひとつは、坂本さんが考えてきたこと、ぼくが考えてきたこと、そういう共有地があって、これをもっと確実なかたちで若い人たちに伝達する作業をしなきゃいけない時期にきているということ。ぼくらが「縄文」とか「旧石器」という言葉で象徴的に言っていることから湧き上がってくるものが、おそらくは21世紀の日本人にとってひじょうに重要になるだろうと。それを取り出していく作業を、この対談で続けているんだなっていうことが、だんだん見えてきたんです。

坂本　まったく同感です。次世代に残したいという欲求が強くなってきている。

中沢　これはマジメな対談ですから（笑）。細野さんと『観光』の旅をしてるときは、いろんなものをひたすら軽くしていく旅だったけど。

坂本　ポストモダンの時代だったし。

中沢　でもいまはそうじゃないと思うのね。思想を組織化して、次の世代に渡していかないと。だから、この対談では、ぼくもできるだけおちゃらけを言わないようにしてます（笑）。

坂本　時代的にも、ぼくらの年齢的にもそうで、もうおちゃらけを言ってる暇がないんですよ。

中沢　前回、福井で見たように、縄文の遺跡を訪ねて歩いていても、目前に原発がわっとそびえ立っている。それにたいして自分たちは何ができるのか、というところにきてますから。

坂本　いままでの「つけ」ですよ。20世紀に楽しみすぎちゃって、大量のゴミが残っちゃったんだから掃除しないと。

中沢　大量のゴミの掃除方法を探してるんですよね。そこでもうひとつの熊楠の先見性は、粘菌や菌類に目をつけたことです。いまは若い子だってキノコが浄化作用、分解作用をもってることを知っています。これからの文化は、構築していくことよりも、自然が分解できないものを人間がつくってしまって、それをどうやって解体して自然に戻していくかということが重要な主題になってきています。80年代の脱構築は、文学や哲学の領域だったけど、背後にはもっと大きな時代の要請があったんですよね。その象徴が菌類です。かたちをもってできあがったものを分解する力をもっている。菌類に学ぶべきことは多い。

坂本　生物界と無生物界をつなぐ

ものたちだから、そこがいちばん本質なんですよね。そこでぐるぐる輪廻がおこなわれているわけだから。それでぼくは死んだら菌類に分解されて、次の生命の糧になりたいから、火葬に反対なんです。土葬にしてほしい。

中沢　粘菌はつないでいるんですよね、生物界と無生物界、植物と動物を。熊楠流に言うと「半男女《ふたなり》」となる。男と女をつなぐものとして、ふたなりを思いつくのが熊楠のいいところで（笑）。

坂本　ぼくは生物学者のリン・マーギュリスの研究にかなり触発されて、オペラ『ＬＩＦＥ』（１９９９年）をつくるときもずいぶん参考にしました。菌類の生殖、セックスは、われわれの想像をはるかに超えている。食べて取り込んじゃったり、35億年くらいのあいだにすごい実験を続けてるんですよね。

中沢　それにくらべたら、人間は保守的ですね（笑）。きのうも坂本さんと非線形（ノンリニア）の音楽についてちょっと話したけど、非線形の音楽って、境界のザラザラしたものですよね。音楽は功罪あいなかばするところがあって、音楽の与えてくれるすばらしいものについてはたくさん語られてきたけれども、罪の部分についてはあまり語られない。それはすぐに平均律みたいなものを目指しちゃうところですね。

坂本　数理的に扱おうとする。考え方が数学に近くなってくる。すべてを統一原理でコントロールしようという志向が働くんですよ。

中沢　均一化した空間をつくっちゃう。しかも扱っているのは抽象的な音だから、音楽をやり続けていると現実の世界との対応関係をなくしていく。

坂本　20世紀に入り、どんどんその方向が加速していきましたね。50年代にトータル・セリエリズムへ行って、ブーレーズとかシュトックハウゼンとかが極限まで統一化を図った。そこにいきなりキノコ研究家でもあったジョン・ケージが、アメリカからヨーロッパへ蹴りを入れたんですよね。

ジョン・ケージが言う「偶然性の音楽」は、日本庭園の鹿威《ししおど》しみたいなもので、偶然性というものを取り込もうとする。複雑系とか、いまなら非線形と言ってもいいんだけど。ぼくのなかにも両方の水脈が入っていて、ルネサンスから連綿と続いてきた統一化の思考法も入っているし、ジョン・ケージのことも師だと思っている。それは中沢さんも同じでしょう。

中沢　同じです。純化した数学みたいなものに惹かれる面と、情緒によって引っくり返そうとするふたつの原理の闘い。

坂本　カオスに戻したいっていう。

中沢　熊楠は「日本人の情緒の基層」という言い方をしていて、ことばの表面だけ見ると、右翼が好みそうな発想のように見えるけど、ちがうと思うんです。最近ぼくは、「情緒」というのはすごく重要な概念だと思いはじめています。ひとつには、数学者の岡潔に「情緒は創造の源泉だ」という考え方があって、これはぼくなりの言い方をすると、脳のなかの対称性無意識が、感情と合体しながら超論理で働くということ。

坂本　直感ですね。

中沢　ぼくは長いこと、小林秀雄という人に距離を置いてたんだけど、最近近くなってきた。どうして小林秀雄が本居宣長《もとおりのりなが》を一所懸命研究したのかがわかってきて。本居宣長は、情緒、直感、そういうものをひとつの原理にしようとしたんじゃないか。そうすると、小林秀雄がそれに取り組んでいた意味というのは、あまり完成はできていないような気がするんですが、正しい方向を向いているなって思うようになってきたんですね。

坂本　それをいまの言葉でいうと、クオリアって言うんでしょうね。ぼくはそのネーミングがダメで、クオリアよりカオスとか複雑系、非線形と言ったほうがしっくりくるんだけど。

中沢　クオリアとだけ言って、ブラックボックスになんでも放り込むだけではまったく不十分ですが、その内部をはっきりさせることは可能だと思うんですよ。現代の脳科学者たちより本居のほうが進んでいると思うのは、情緒にもとづいて、ひとつの世界をつくりあげることは可能だという、その道筋を描いてみせた。

坂本　九鬼周造にも通じるか。というか、ハイデッガーにも通じますよね。

中沢　ちがうやり方だけど、同じ結論に至るところはある。

坂本　それでぼくは非線形の音楽をつくろうと思ってるんです。「なんとなく、そういう気がする」ということしか原理はない。今度、山口情報芸術センターでインスタレーションをやるんだけど、ぼくたちは「庭をつくる」って言ってるのね。庭というのは、たいへんなものだと気がつきはじめた。庭のような音をつくろうと思って。庭っていうのは、雨が降ったり、カエルが鳴いたり、ものすごく複雑なんですよ。

中沢　苔が生えたりね。

坂本　室町時代の庭がいまもあったりするわけでしょう。庭師は、何百年も先を見越して、かたちが変わっても、変わらないものをそこにつくっていく。非線形なんですよ。生命種が生まれては死に、生まれては死にを繰り返しながら、それでも庭のかたちは続いていく。菌類もいっぱいいて、つねに動き変化している。いわば動的平衡。

中沢　庭園を考えたときに、一方には中世の河原者たちがつくった抽象的な枯山水がある。もう一方には、日本に限らない、かつてのスンダランド（約7万年〜1万年前の最終氷期に、海水面の低下によって出現していた、現在のインドシナ半島からフィリピン、インドネシアなどの地域をつなぐ広大な亜大陸）一帯の農民がつくったシステムがある。このふたつは、相互に影響しあってつくられていると思う。そういう意味でいうと、日本人がつくってきた景観の複雑さは豊かですね。

坂本　京都のいいお庭だって、名も知れぬ河原者たちがやってるんです。河原者というのは、ぼくの直感では、もとをたどっていけば先住系の人たちだろうと。ここも熊楠や縄文に通じるものがあると思うんです。

中沢　そういう意味では、縄文聖地というのは、いたるところにある。

坂本　ついでに言うと、庭であり森である非線形の音楽ということでは、ナム・ジュン・パイクのTVガーデンがあります。ハイテクを使ったTVの庭。しかもパイクは、ヨーゼフ・ボイスと一緒にやるときに、ゲルマン人であるボイスと、韓国人である自分と、「ユーラシア」のつながりを意識していてすごく先進的だった。パイクは高校生の頃のぼくのアイドルだったんです。ニューヨーク在住の前衛芸術家で、ものすごくハンサムな東洋人だった。それから時間が経過して、いま、パイクからつながる「非線形の森あるいは庭の音楽」というファンタジーが、ぼくのなかに広がっている。これは可能性があると思ってるんですよ。

中沢　しかし、ぼくらも結構にしつこいというか、忍耐強いというか、ずっと同じことを考え続けてますね。

坂本　20年前にも同じことを考えていたんだけど、すっかり忘れちゃってるから、また新たな気持ちでできるのかもしれない（笑）。

中沢　ぼくも、いま考えていることって、だいたい10代とか20代に着想してるんです。それを時間をかけて展開しているにすぎない。

坂本　昔にふと思いついたことが正しかったんだなと改めて感じますね。子どもの直感は正しい！

（奈良・紀伊田辺への旅2007年3月12日〜13日）

熊楠はキャラメルの箱を標本箱として利用していて、天皇にご進講したときも、キャラメルの大箱に入れて粘菌標本を進献した。南方熊楠顕彰館にて。

粘菌の新属新種ミナカテラ・ロンギフィラを発見した柿の木。

熊楠が大正5年から終生住んだ家と庭は見学可能。

書斎の縁側に座り、庭を眺める。楠、蜜柑など、さまざまな
植物が生い茂る無造作な庭を、熊楠は研究の場とした。

闘鶏神社にて。社殿裏にある仮庵《かりほ》山を熊楠は「クラガリ山」と呼び、その森で多くの植物を採集した。

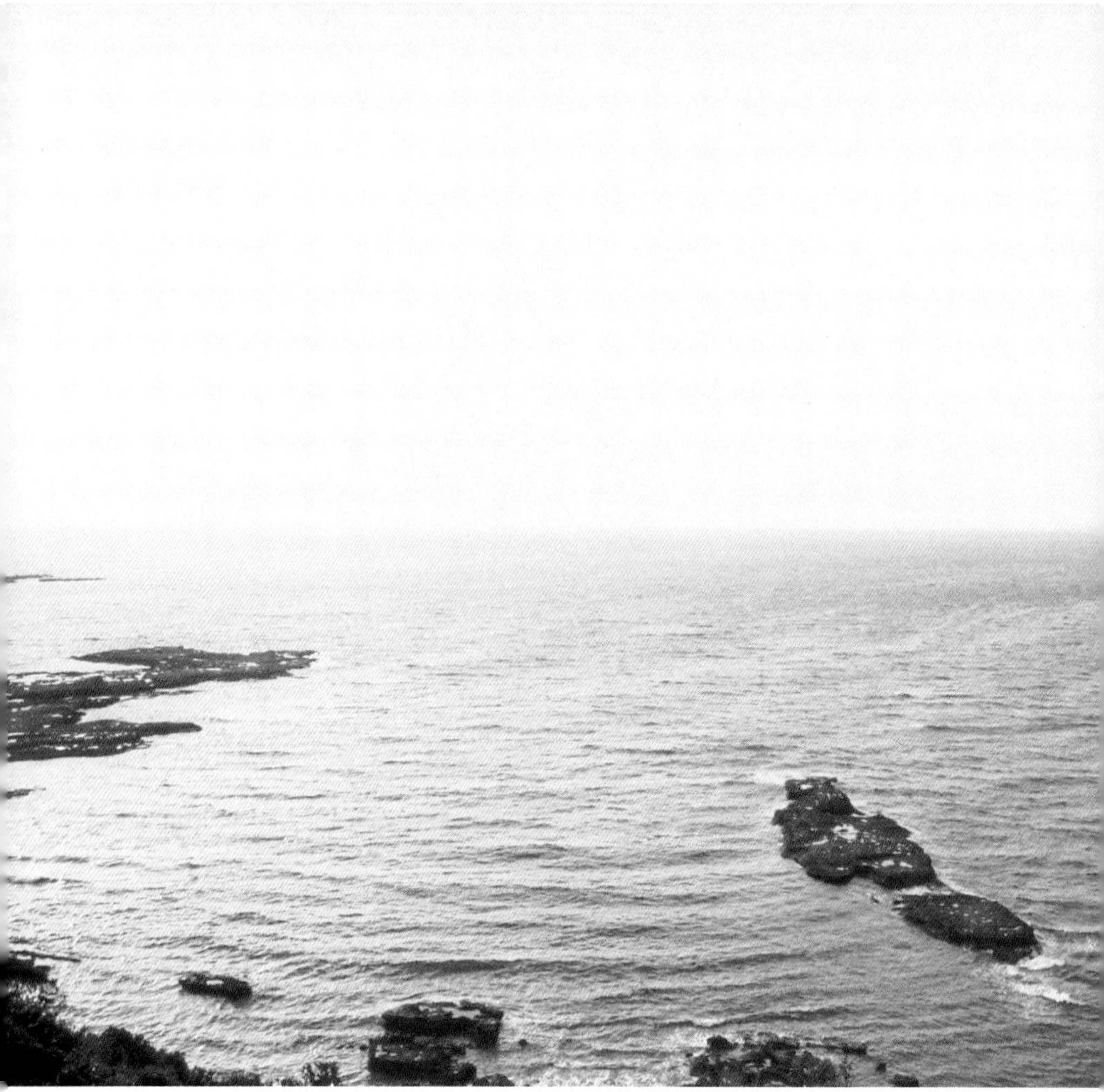

白浜・南方熊楠記念館の屋上から太平洋を望む。

註 坂本龍一著『本本堂未刊行図書目録 書物の地平線』(1984年)は、空想の図書目録。そのなかで紹介される『森のバロック』(文・中沢新一、装幀・奥村靫正は、ページの中央をくりぬいて十数種類の粘菌を植えた松茸を収め、本文紙は湿らせておき、ねばつくページをめくりながら、粘菌の変化を観察したり、それによって生じる模様を楽しむ仕掛け。熊楠が天皇に粘菌を献上する際、キャラメルの大箱に入れたことにちなみ、香港製のお菓子箱をパッケージとして使用。

後日談
お水取りを体験して

この対談をした翌年（2008年）、東大寺のお水取りを見に行きました。坂本さんから聞いていたとおり、二月堂のなかでは、いろいろと変わった音楽が奏でられ、インドやチベットの寺院で聴いた音楽とひじょうによく似ていました。中央アジアの洞窟でおこなわれた仏教の儀礼、もちろんそのまま伝えているわけではないでしょうが、それにかなり近いものが、ここに音楽として残っていると感じます。

火の粉をまき散らしながら舞台を走るお松明にはじまって、達陀《だったん》の行法では、火天が大きな松明をもって登場し、火事になるかと思うくらいお堂のなかを炎で満たす。その一方で、ご本尊の十一面観音に捧げるために若狭井から水を汲み上げる儀式をおこなう。火と水の儀式は、古代の中央アジアではお祭りの重要な要素でしたが、このお祭りのなかでも、水の原理と火の原理が大きな役割をはたしています。

東大寺は春日山の麓につくられていますが、もともと春日山には龍神信仰があり、山の神としての龍の存在が背後にあるのです。龍は水のなかに生きていると同時に、天空を飛翔する動物だと考えられています。天界というのは、太陽が輝き、雷が鳴る「火」の世界。龍は、天上界と地下界を結ぶ存在で、ここでは天上界の火と地下界の水との結合、いわば結婚のようなものが儀式化されているわけです。

これは仏教の儀式ということを超えて、もっと古い、新石器どころか旧石器からの思考方法を儀式にしたものです。坂本さんが言ったように、古代の儀式がそのまま凍結したようなかたちで伝えられていることに驚嘆しました。

中沢新一

第四章　山口・鹿児島

山口・鹿児島へのいざない

中沢新一

鹿児島はぼくにとって若い頃の思い出がたくさんあるところです。坂本さんが小泉文夫さんから民族音楽を習う学生だった頃に、よく奄美に旅をしていたと聞いて、とても親近感を抱きましたが、ぼくも学生時代には鹿児島をフィールドにしていたので、この旅では、昔よく歩いたところを、懐かしく思いながらもう一度歩くことになりました。

鹿児島というのは、海外貿易がとても盛んだったところで、日本列島のなかでも、海外に向かって開かれていた土地です。中国はもちろん、南方、東南アジアとの交流が深く、おそらくそれは、最初に日本列島に渡ってきた人たちのたどったルートにもつながっていて、事実、南九州では、縄文草創期の遺跡がいくつも発見されています。

鹿児島で「ソラヨイ」というお祭りを見たことがあります。旧暦の八月十五夜に、子どもたちが藁でつくった笠をかぶり、腰簑をつけて踊るお祭りです。それは20世紀初頭にニューギニアへ行ったオランダやドイツの人類学者が写真とともに紹介しているお祭りにそっくりです。イニシエーション（成人儀礼）において子どもが藁で包まれ、大人へと生まれ変わる儀式ですが、あまりにもよく似ているので驚きました。

鹿児島には古い南方的な要素が流れ着いて残っていて、その要素は奄美や沖縄よりも強いかもしれません。世界的同時性に開かれていると同時に、とてつもなく古代的なものを残存させている、まるでロシアのようにアヴァンギャルドな土地なのです。

西郷どんの宿
宮崎県
蛭児神社
妙見温泉
鹿児島神宮
鹿児島県
歴史・美術センター黎明館
隼人塚
鹿児島県
上野原縄文の森
鹿児島
桜島
鹿児島市立
ふるさと考古歴史館
鹿児島県
鹿児島湾
薩摩半島
大隅半島
太平洋
佐多岬

坂本龍一＋高谷史郎によるインスタレーション『LIFE - fluid, invisible, inaudible...』を体験するため、山口情報芸術センターへ。会場で坂本さんと合流した中沢さん。鹿児島へ移動し、「上野原縄文の森」を見学。さらに掃除山遺跡（縄文草創期）の展示を見るため、鹿児島市立ふるさと考古歴史館へ。黎明館では、中国や南方との交流を伝える種子島・広田遺跡（弥生時代）の貝製品に目を見張った。そして偶然か必然か、南九州の代表的な工芸品である竹細工、編み籠のコレクションと遭遇することに。毎年ラオスに通いアジアとのかかわりのなかで民具を調査している学芸員氏の熱い解説に耳を傾けたふたり。さらに鹿児島神宮、韓国宇豆峯《からくにうづみね》神社を参拝した。神域の奥にひっそりと立つ摂社の石體《しゃくたい》神社や、鬱蒼とした「なげきの森」に包まれる蛭児《ひるこ》神社が、古い信仰のかたちを伝えていた。この一帯はもともと南方から渡来した先住民族である隼人《はやと》の土地であり、朝鮮半島系の勢力との対立、共存の痕跡を、神社の微妙な位置関係から読みとることもできる。

ユーラシアから日本を見る

中沢　今回は山口で坂本さんのインスタレーション『LIFE－fluid, invisible, inaudible...』を見てから鹿児島に来て、縄文草創期、早期の遺跡が点在する地域を歩いたんですが、思っていた以上に、深い意味をもつコースになりました。

坂本　長州と薩摩という二大勢力を体感できたのはおもしろかった。短い旅でしたけど、縄文から近・現代史までの射程をもった濃い旅になりました。西郷隆盛に急に興味が湧いたりして。

中沢　日本の近代を開く上で、薩摩と長州の結合が大きな意味を

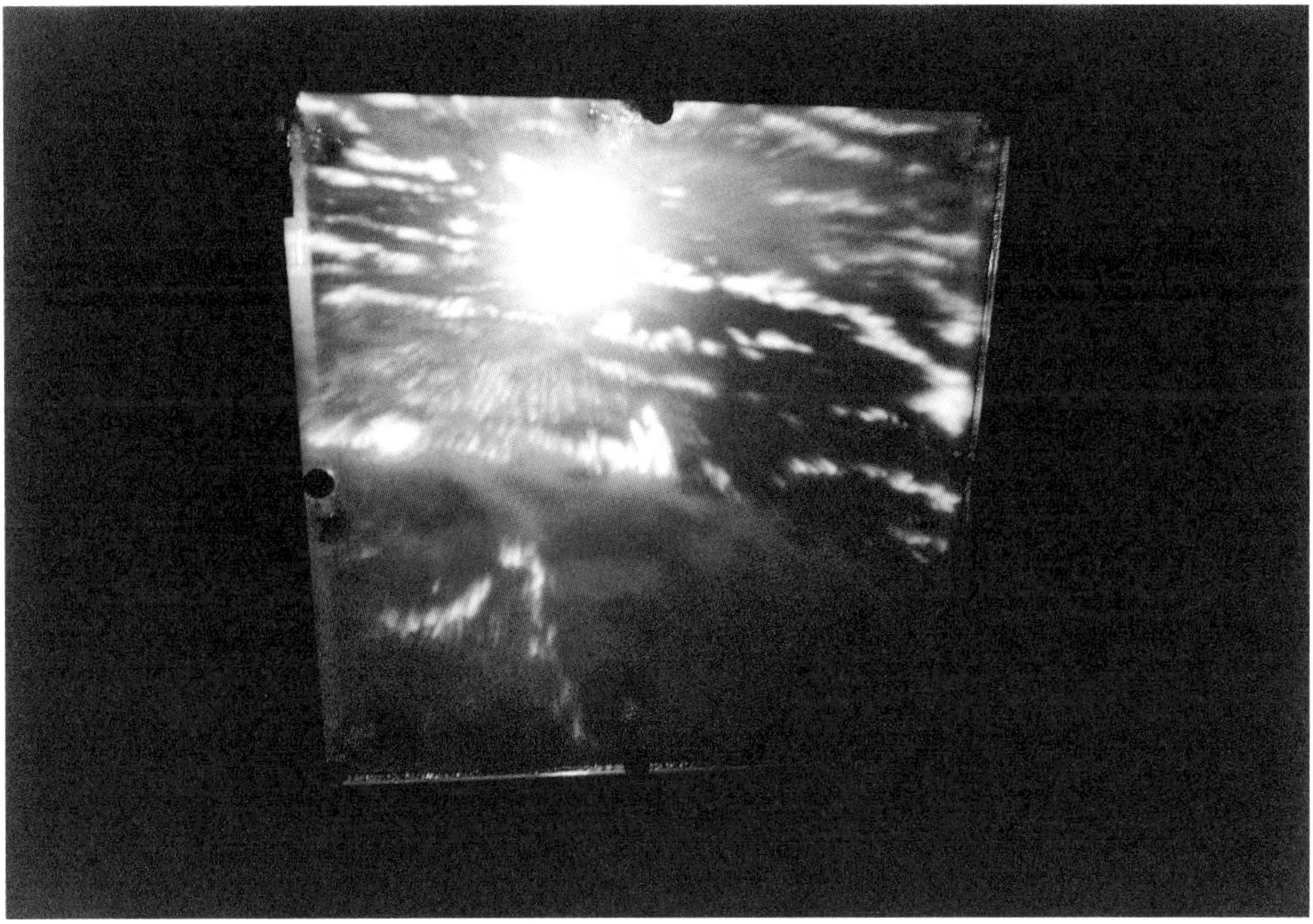

坂本龍一＋高谷史郎のインスタレーション『LIFE - fluid, invisible, inaudible...』は、山口情報芸術センターにて、2007年3月10日～5月28日まで展示された。天井から吊られた正方形の水槽（内部では超音波によって霧が発生）とスピーカーには、ランダムに映像と音が流れる。外に向かって開かれ、偶然を巻き込みながら変化する「庭」のような作品。

もったわけですけど、その根っこが見えた気がする。その結合の意味が、いままでとはちょっとちがって見えてきた気がするんですね。ことにいま（2007年当時）、山口出身の首相（安倍晋三氏）が日本人の意識を内向きにもっていこうとしているわけでしょう。

坂本　統一された日本人というファンタジー。

中沢　ところが鹿児島に来てみたら、ここで歴史学や民俗学なんかをやってる人たちの意識は、海の外に向かって開かれていて、アジアのなかで自分たちをとらえる感覚が強烈ですね。

坂本　長州系、弥生系の人たちは内向きというか、求心的というか、

国家建設に力をもった人たちで、だからいまのように憲法改正とか、国のまとまりをつくろうというときには、彼らが力をもつのは、昔から繰り返されてきたことなのかもしれませんね。もっと古くから日本にいた薩摩の隼人やその他の先住系の人たちは、水平的な共同体を営んでいたんだけど、広域をまとめて国家をつくるにあたっては垂直型の思考をもった人たちが征服的にやろうとするっていうのが、いまの状況と比較することで実感として見えた感じがします。

中沢　今回もいろいろと興味深かったんだけど、縄文草創期から早期の土器を見て、その完成度に驚きました。弥生時代に見られる

高谷史郎さん（左）は映像作家で、アーティスト集団「ダムタイプ」のメンバー。

壺型土器が、南九州では縄文早期からつくられていたりして、プロジェクトが最初から一気に高い完成度に達していたようですね。

坂本　縄文土器といっても、このあたりの土器は、貝殻で文様をつける貝殻文ですから、関東や東北の縄文土器のイメージとは、かなりちがいますね。

中沢　東のほうからときどきブームとして縄目《なわめ》の文様も入ってきてるんですよね。だけど結局、もとの貝殻文に戻っちゃう。「よかねぇ」なんて言いながら、使わない（笑）。

坂本　外から来るものを拒まずに、受け入れるんだけど、自分たちの感覚のほうを優先するっていう気質なんでしょうね。

中沢　もうひとつの特徴として、博物館に行くと「縄文」「弥生」「古墳」という時代区分で展示してあるんだけど、このへんの土器を見ると、そこには連続性があるんですね。

坂本　むしろギャップのないことに驚きました。おもしろいのは、近畿で古墳がどんどんつくられるような時代、いわゆる古墳時代になっても、この南九州では古墳がほとんどつくられなかったということ。つまり国家ができずに、国王ではない首長クラスが統治する水平的な共同体社会が続いていたということになります。ぼくは今回、ここに来るまで、そういうことも知らなかったんで、ちょっと驚きでしたね。

中沢　首長というのは、村長さん程度で、そんなに権力をもっていない。それが縄文から弥生、古墳ときて平安時代になっても、あんまり変わらなかった。

坂本　さっき博物館で聞いた説明によれば、このあたりは平野が少なくて入り組んだ地形をしてるから、地元の豪族でさえ南九州を統一できなかった。だから、大和政権の支配もなかなか及ばなくて、小さな単位の共同体が続いていた、というのもおもしろいですね。

中沢　江戸時代になっても、薩摩藩というのはほかの藩とちがって、風変わりな藩のつくり方をしてま

「鹿児島県上野原縄文の森」の復元集落。縄文早期、鹿児島湾を望む見晴らしのいい台地に、人々は村をつくり、漁猟、採集生活を送っていた。約9500年前の52軒の竪穴式住居が見つかり、日本最古、最大規模の定住集落とされる。

発見当時のようすがわかる上野原遺跡の「遺跡保存館」
にて。

すね。一般には近世になると、城下町をつくって権力の中心を町の真ん中にもってきたわけですね。秀吉の刀狩令《かたながりれい》以降、農村部では農民は刀を捨て武士はいなくなり、武士は刀をもって城下町に住むという二元構造になっていた。ところが薩摩藩だけはそうじゃなくて、武士を領内に分散する外城制《とじょうせい》だった。そのおかげで農民一揆が起きなかった。いたるところに武士が配置されていて目を光らせていたから。農民と戦士が一体という新石器的な形態が持続していたということが大いと思う。

坂本　ボスだって勝手なことができない。

中沢　水平的な世界。薩摩の文化にも感じることだし、南方の島々の文化もそういう構造ですね。垂直性の思考はあるものの、それは宗教の領域に限定してあって、軍事力や権力と結びつかないようになっている。だから、神様には2種類あって、ひとつは天空から降りてくる神様で、もうひとつは水平の彼方からやってくる神様。そのふたつの神様が同居してるんですね。垂直性の観念は、イデオロギーの領域だけに閉じ込めておいて、じっさいの政治権力の場面になると、その原理を働かせないようにする。

坂本　それは王をつくらない、国家をつくらないってことと関係してるよね。

中沢　九州、しかもこの南九州になると、外との絶えざるネットワークのなかで文化発展がおこなわれている。

坂本　つねに外からの影響を受けているのに、連続性が消えない、というのがおもしろいところですね。影響が大きければ、どんどん変化していくはずなのに。

中沢　外からの影響をつねに受けつつ、自分たちのなかに巻き込んでやっていたから、連続性があるのかもしれないっていう気がするんですね。

坂本　このへんは南方や東南アジアに目を向けやすい位置にあるから、ネットワークが見えやすいんだけど、ほんとうは日本列島すべてがそうなわけで。日本のことをわかるためには、隣接するアジア、あるいはもっと広い地域の研究が進んでいかないとダメだというのは、よく見えました。

中沢　日本の考古学が蓄積してきた様式、編年方法が、はたして有効なのか。日本のなかだけでマニエリスティックに複雑化しても意味をもつのか。

坂本　この列島の閉じた世界で発展してきた研究をいくら細かくやったところで、じっさいにはそうじゃないわけだからね。さっき黎明館で見たお祭りの仮面と似たものはゲルマンにもあるし、渦巻文様はケルトにもあるわけだから、世界的な視野をもって、むしろユーラシア大陸側から日本を見るような見方をしないと、何もわからないんじゃないか。

中沢　日本のなかでは考古学が、茶道や華道のような家元制度の芸とよく似た発展をしてるなと思いますね。ひとつひとつの所作にものすごく重大な意味をもたせて分類されていくんだけど、それは閉じられた世界のなかだけで意味をもつことで。だけど、お茶にしてもお花にしても、そもそも日本列島のなかだけで閉じたものではないわけですよね。考古学ではそれがピークに達している。その方向でいくらやったって、もう何も出てこないってわかっていても、まだそれを続けている。それを踏み破ろうとして、南方に目を向けたり、大陸に目を向けたり、象徴的次元に目を向けたりすると、そういうのは考古学じゃないと言われるから、学者も自己規制しちゃう。

坂本　網野善彦さんなんかは、歴史学がひじょうにドメスティックに閉鎖的にやっているところに、歴史というものがいかに開かれたものだったかということで、風穴を開けようとした。

中沢　そうでしょうね。だけど、どのジャンルでもそうですね。きのう、たまたまプレスリーの話が出たけど、プレスリーの意味も、土器に似てるところがある。彼の音楽の広がりを認識するには、おそらくアメリカ人が内部で考えているだけではわからない。アフリカも含めて広大なものを背景にしているから。日本へ入ってくると、アメリカ以上に特殊な受け入れ方をされていくわけです美空ひばりとプレスリーが磁場で接近しちゃう。

坂本　和歌山でも話したけど、美空ひばりというとドメスティックな音楽の代表みたいだけど、僕は80年代から、美空ひばりを聴くとアラブ音楽に聞こえるってずっと言ってるんです。インド、アラブ、ケルトとか、そういう水脈につながっている複合的なものとして聞こえる。ユーラシア的に見ていくと、美空ひばりとプレスリーっていうのは、かなり近いところにあると思うんだけど、そういう聴き方をする人はあんまりいないですね。

中沢　なぜいま、日本文化が行きづまっているのかというと、その問題だと思うんです。

坂本　日本のポップスでも、若いバンドの子たちってほとんど洋楽を聴かないのね。彼らが目指しているのＭｒ・Ｃｈｉｌｄｒｅｎか、Ｍｒ・Ｃｈｉｌｄｒｅｎに影響を受けた世代のバンドとか。だけど桜井（和寿）くんの世代までは洋楽を聴いている。だから、いまは本当に目も耳も内向きになっていて、そういう下地があるから内向きの愛国心を呼びかけるシンちゃんみたいな人も出てくるんだと思うんだけど。

中沢　ぼくじゃないよね（笑）。

坂本　こういう時代には、やっぱり長州が強い。奈良時代には積極的に大陸の文化を取り入れて、平安時代になると閉じて国風文化になったのと同じように、歴史的に外向きと内向きのサイクルがあるわけだけど、いまはドメスティックな方向に向かう時期なんだろう。アメリカにレイプされて60年間尽くしたけど、もう嫌よって感じで、自立しようとしているという歴史的背景があるけど。

狩猟と編み籠

中沢　縄文土器の原型は何かとい

うことは前から気になっていたんですけど、ひとつには籠だという説があります。

坂本　たしかに似てますね。

中沢　さっきぼくらは黎明館で、思いがけず日本や東南アジアでつくられた籠をたくさん見たんですけど、土器がつくられる前、旧石器時代から編み籠の技術は相当、発達していたはずなんですね。さっき見たような籠の形態は、旧石器時代にはほとんど完成していたんじゃないか。それを土器でつくるようになったときに、土器の表面に編み籠の文様を残そうとしたんじゃないか。このへんで見つかっている土器には、口元が方形になっているものがあって、それも籠の構造とぴったりくるんですね。

　ちょうどこっちに来る電車のなかで、『群像』に連載している「映画としての宗教」の原稿を書いてたんですよ（『狩猟と編み籠　対称性人類学Ⅱ』２００８年）。エイゼンシュテインが著書のなかで、モンタージュ理論がどこからきたかってことを書いていて、それは狩猟と編み籠の技術だと。狩猟というのは、動物の軌跡を追いかけていって、森という統一体のなかに断片をとらえる技術。一方、編み籠というのは、断片を組み合わせて統一体をつくっていく技術。モンタージュはこのふたつを合わせた技術だというんですね。人間のつくりあげる文化は、だいたいこのふたつの原型を発展させているんであって、撮影と編集という、いま、自分が映画をつくる過程でやっていることも、旧石器時代にやっていたことと変わらないと。

坂本　ハンター・ギャザラー（狩猟者と採集者）だ。すごいね。

中沢　自分は最先端の技術で映画をつくっているけれど、旧石器のハンター・ギャザラーの精神で、この技術を駆使してるんだと言ってるんです。やっぱり考古学の本を読んでいて、そんなことを言ってる。エイゼンシュテインの映画というのは、ある意味でいうと、ひじょうに野性的というか、根源的な力に満ち満ちているんだけど、

壺形土器 上野原遺跡出土
縄文時代早期（約7500年前）
鹿児島県立埋蔵文化財センター蔵
右の四角い口をもつ壺型土器には、
渦巻の文様が施されている。

角筒形土器 前原遺跡出土
縄文時代早期（約9500年前）
鹿児島県立埋蔵文化財センター蔵
南九州の縄文土器は、二枚貝の殻を用いて
さまざまな文様がつけられているのが特徴。

そういうことを深く意識していた作家だったんですね。映画がなぜサスペンスを求めるのか、犯人を捜したり事件の謎を追い求めていく形式を好むかっていうと、それは狩猟と関係してるからだと。で、ショットを積み重ねるだけでは映画にならなくて、そこに編み籠の技術、つまりカットして編んでいく技術が必要である。人類の文化というのは、統一されたもののなかに断片を見て追跡する技術と、断片を組み合わせて統一する技術、そのふたつの技術の結合体として理解できる、というふうにエイゼンシュテインは言ってるのね。

坂本　もっとも20世紀的な芸術だといわれる映画の草創期に、狩猟採集的なものを見いだしたエイゼンシュテインって、ほんとうの天才なんだね。

中沢　草創期にOSをつくって、しかも『戦艦ポチョムキン』のように、誰も超えられない作品をつくった。

坂本　草創期の縄文土器の完成度の高さに通じる。

中沢　そこが創造ということの不思議で、レヴィ＝ストロースが「最初の一歩だけが重大で、あとはそれを繰り返すだけだ」と言ってるけど、まさにそう。YMOもコピーは出るけど、誰も発展させられなかったのと似てますね。草創期のジャンプがほとんど完成型をつくっちゃう。

坂本　あとはひたすらマニエリスムに入っていく。

中沢　エイゼンシュテインはすごいよ。土器の話もいっぱい出てくる。

坂本　よく見つけてくるね。

中沢　向こうからくるのよ、「読みなさい」って。

坂本　まあ、そういうもんだよね。

中沢　エイゼンシュテインはディズニーの『バンビ』を批判するんだよ。バンビの動きはいいけど、背景の森が死んでいると。背景も呼吸をして生きていないといけない。

坂本　ディズニーは近代ヨーロッパがつくりあげてきた演劇、オペラの系譜につらなっている。そこ

魚籠《びく》。「思川」の札は鮎漁の鑑札。
鹿児島市吉田町にて1986年収集。鹿児島県歴史・美術センター黎明館蔵。上野原遺跡で壺型土器を見た後に、黎明館で竹製品コレクションに遭遇。土器の原型は籠だという説もおおいにうなずける。

では背景は動かないで止まっている。だからそれはもう近代ヨーロッパ額縁演劇の否定ですよ。

中沢　映画はそれではダメだと。森にはいっぱい動物が隠れているんだから、そのうごめいているものを同時に表現しないと。

坂本　スピリッツ（精霊たち）。

中沢　それをとらえなきゃいけない。そうすると、画面全体がスピリッツに満たされていく。それが映画なんだと。27歳で『戦艦ポチョムキン』をつくったときには意識していなかったけど、晩年になって自分で分析し直してみると、これはまぎれもなくハンター・ギャザラーの原理だって言うんです。

坂本　ぼくはプロコフィエフがそ

硫黄島の八朔太鼓踊りにあらわれるメンドン（左）と、悪石島の盆踊りにあらわれるボゼ。南島文化の象徴ともいえる仮面の来訪神。どちらの仮面も竹籠でつくられている。黎明館の民俗部門の展示。

んなに好きじゃないのね。

中沢　プロコフィエフはエイゼンシュテインの映画音楽をやってますね。それからディズニーの音楽も。

坂本　もっともディズニー的な線形的映画で成功しているスピルバーグとかルーカスの音楽を一手に手がけているジョン・ウィリアムズの元ネタは、ほとんどプロコフィエフなんですよ。

反復だけではつまらない

中沢　エイゼンシュテインって日本文化に通じていて、モンタージュ理論のヒントになったのは漢字だったそうですね。

坂本　いまの話を聞いて思ったのは、われわれがなぜ漢字を認識できるのかということなんだけど、脳のなかでは、漢字の輪郭を認識する神経細胞と、内側を認識する神経細胞に分かれていて、交通事故に遭ったりして脳に損傷を受けると、その統合がうまくいかなくなる場合があるらしい。で、全体と部分の複雑なインテグレーションでできているのは、漢字にかぎらず、映画や音楽もそうだな。編み籠を見ると、パターンの繰り返しによって複雑なかたちをつくっていくっていうのは、まさに音楽ですね。

中沢　音楽の基本は反復ですもんね。

坂本　ただ、反復だけで音楽になるかというと、ならない。いまはコンピューターがあるからコピー&ペーストで無限に反復できるけど、どこかに穴が開いていたり、複雑なカーブがあったり、反復が壊れる部分がないと、音楽としてはおもしろくないんです。ひとつのパターンを繰り返しながら、なおかつカタストロフィを起こすこともやっていくっていうのが、ホモ・サピエンス・サピエンスらしい特徴なんだ。

中沢　脳の構造のなかにその能力があって、それがほとんど完成形で、狩猟と編み籠という、ふたつのかたちで出たんだろうと思う。

坂本　それをほかの言葉に言い換えると、線形と非線形。

中沢　文化構造というのは、その両方を組み込んだバイロジックでつくってある。多くの新石器革命以前の文化には、その両方が組み込まれているから、表面を見ると非線形の側面がひじょうに強いんですよ。線形的な文化というか、同じ原理を単調に繰り返していくものと比べると、穴ぼこがいっぱい開いてますから、非線形でつくられているように見えますけど、じっさいには、線形と非線形を組み合わせているんですね。必ず穴が開いているし、ねじれをもっていて、それによって他界との接触点をつくりだしていく。

坂本　言い方を換えると、裏と表が一緒になったメビウスの輪のようになっている。中沢さんはそれを「対称性」と名づけたわけでしょう。

中沢　国家ができる以前の人間の社会の構造は、そういうふうにつくってあった。じっさいに、ぼくらが遺跡を訪ねたり、博物館で見るのは、そういう人々の精神がつくりあげた村落の構造だし、神様の仮面であったり、衣装だったり、編み籠のかたちだったりするんです。

坂本　線形性と国家って、とても深く関係していますからね。建築は、音楽もそうだけど、国家権力に近い部分がある。ムッソリーニがローマ郊外につくったファシズムの都市エウルが象徴的だけど、20世紀の建築はひじょうに線形的ですね。単一のものの繰り返しによって巨大なものをつくろうとした。大量生産という発想もそうだし。軍隊的というか。

中沢　今回の旅が意味深長だったなと思うのは、『LIFE – fluid, invisible, inaudible...』のなかで、非線形の主題が前面に出ていたでしょう。以前のオペラ作品『LIFE』を解体して、非線形の側面を強くした作品になっていた。それを見たあとで鹿児島にやってきて、この南方に広がっていく、線形性が力を発揮しないように非線形性を強烈に組み込んである文化の場所にやってきてみると、ここには何か大きい、人間のつくりだすべきものの21世紀的な雛形があるような気がするんですね。これからの民俗学、考古学、人類学の進んでいく方向じゃないかと思うんですけど。

坂本さんとぼくをこの旅に向かわせている理由のひとつは、創造をおこなうときの原理や方向性を見つけようとしてるんだと思うんです。学問にしても芸術にしても、その創造の最先端で、いま、人間は何をすべきなのかという問題がある。旅をしながら歴史に触れたり、さまざまな意匠のおもしろさとか、いろんなものを見ていくんだけど、中核にあるのは「これから人間は、何をつくっていったらいいのか」ということ。そのために創造の原理を掘り出したい。そろそろ還暦を迎えようとしているふたりが、考古学を趣味にしてとか、そういう後ろ向きな話じゃなくてね(笑)。

坂本　21世紀は薩摩的、南方的、非線形的な方向に向かっていくっていう、これは天からの啓示ではないでしょうか(笑)。

歴史は繰り返す

中沢　たしかに今回の旅では、薩摩のでき方、水平的な思考の部分に未来的なものを見いだしたわけですけど、ただ、琉球や奄美から言わせると、薩摩藩というのは、とんでもない圧政者ですからね。

坂本　明治維新を支えたのは、薩摩の軍事力と経済力で、その経済力は奄美の人々の奴隷的な労働がなければありえなかった。

中沢　それから、南方との密貿易ですね。

坂本　薩摩は幕府に隠れて密貿易をやって富を蓄えていた。それを長州は虎視眈々と狙っていて、薩摩の財力を使って明治維新をやったんだけど、新政権ができたら薩摩を切った。結局、公家と長州が薩摩を利用したんだね。その過程は、日本史で何度も繰り返された光景を思い出させる。

中沢　薩摩と長州の確執の根は深

霧島市隼人町にある蛭児神社。このあたりは「なげきの森」と呼ばれ、楠の大木が茂り、古代から歌にもよく詠まれている。

くて、朝鮮半島からやってきた人々と、インドネシアなど南方から来た人々との対立というのはずっとある。8世紀には隼人の反乱が起こり、明治維新のときにまた同じような構造で西南の役が起こった。

坂本　隼人は大和政権に征服された民で、西郷隆盛はその末裔ですよね。なのに自分の祖先を征服した部族の王である天皇に、親しみを感じ、忠誠を尽くして戦う。その心理がすごく不思議です。戦後の日本にも同じことが起こっていて、日本人は自分たちを征服したアメリカを真似して忠誠心を誓ってきたわけですよ、この60年間。

中沢　よく似た構造ですね。それはやっぱり天皇家の起源に関わってきます。隼人は征服されたけれども、それでいながら『古事記』でも『日本書紀』でも、天皇家は隼人の首長の娘と結婚して、隼人の血が入ってることを明言してますね。天皇家の祖先である天孫族が朝鮮半島から渡ってきたとき、なぜ日向を拠点にして隼人族の女性を妻に迎えたのか。なぜ彼らがいちばん成功して、のちに大和朝廷を開いていったのかというと、背後には隼人族の経済力とか軍事力の存在が大きかった。天皇家としては、朝鮮半島とのつながりを強調するんだけど、もう一方で、隼人、つまりインドネシアから渡ってきた人々にもつながってるんですね。

坂本　国家神話で「おれたちは混血だ」と言ってるんですね。ほかの権力機構と比較すると、日本の天皇家の不思議なところです。異質なものを抹殺しないで、自分のなかに取り込んでいった。水平的な思考と、垂直的な思考を両方もっている。諏訪にしても、土着の勢力と和平交渉をして、それで前宮を残したわけですものね。「おたくの神社も残しましょう。だから、うちのも建てさせてね」ということで、二重権力状態の痕跡がいまも残っている。ここも、隼人がもとから信仰していた石體神社を残して鹿児島神宮をつくってますね。

中沢　西郷さんの最期が前から気になってたんだけど、西南の役での薩摩の決起は、日本の歴史全体を包み込んでいる矛盾構造の爆発ですね。明治維新を動かして、新しい日本の政治体制をつくりだしたのに、その政治体制に刃《やいば》を向けていくわけですね。そして死闘を繰り広げたんだけれども、あるときがきたら、「もうよか」って切腹した。

坂本　内乱につけこんでイギリス、フランスが日本を植民地化しようとしていたことも西郷さんは予測しえたはずで、だから決定的な反乱をしないで、日本の将来を考えてあえて負けることを選んだようにも思える。

中沢　西郷さんの「もうよか」を考えると、日本が抱え込んでいる矛盾構造は解決不可能であって、ときどき西郷さんみたいに噴出せざるをえないのかなという気がします。「もう、これくらいでよか」という言葉にこめられた気持ちは、この場所にじっさいに立ってみて、隼人族の命運を考えてみると、痛いほどわかります。南方の世界へと広がっていく国際性と同時に、恐るべき古代性を抱え込んでいる、その二重性の悲劇みたいなものを感じますね。薩摩の文化は、国家の外にある力、つまりぼくらがこの旅で「縄文的」と呼んでいる力によってできあがっていた。明治維新を動かして近代国家をつくりだす原動力になったと同時に、明治国家に反逆していったというパラドクスを解く鍵は、そこにあるのかもしれません。

坂本　日本のなりたちは複合的なものだから、歴史の転換期には水平型と垂直型、あるいは北方系と南方系、そういう対立構造が噴出してくる。

中沢　いろんなものを集めてハイブリッドをつくるんだけど、結局単色なものに向かってしまう傾向がつねにある。それが行き過ぎると反動がくる。その繰り返しをずっとやってますね。長州を経て薩摩に来て、いろいろ話をしていると、日本史がよく見えてきますね。日本史が見えると、視野は海

蛭児神社のある「なげきの森」のあたりは、かつて隼人の聖地だった。征服された後は、隼人の鎮魂のためにこの聖域が守られてきたのだろう。

蛭児神社の向かいに、西郷隆盛が定宿にしていた家が移築、保存されている。狩りと温泉を好んだ西郷さん。隼人町の日当山《ひなたやま》温泉にしばしば滞在し、日当山では狩りを天降川《あもり》では鮎とりを楽しんだという。

の外へと広がっていく。

坂本　数万年のスパンで過去をふりかえってみたときに、未来のこともだんだん見えてくる気がしますね。

「縄文」はまちがい？

坂本　この旅をとおして疑問がふくらんできたんですが、「縄文時代」という言い方、あるいは「縄文人」という言い方は、まちがってるんじゃないか。「縄文」と「弥生」、きっぱり分かれるところもあるんだろうけど、この南九州なんかはむしろ連続性のほうが強い。日本列島を縄文、弥生という時間で、あるいは様式で、スパッと切れるのか。

中沢　「縄文」という言葉を考古学のなかで使い出した学者たちは、関東を中心に考えていたのかもしれません。

坂本　「弥生」のネーミングのもとになった遺跡も東京だしね。

中沢　関東では、縄文土器と弥生土器のちがいが歴然としているということですよね。

坂本　小さい列島だけど、いろんな部族がいたはずだから、言葉もちがうし思考様式もちがう。これまでは、日本は単一民族だというまちがった考え方があったんだけど、じっさいにはそうじゃない。この南九州のようなところから見ると、はっきりわかります。

中沢　坂本さんが言うように、縄文という言い方をすると、部族的なちがいが見えなくなるし、大陸や南方からの影響にたいしてオープンな状態で文化を形成していった面が見えにくくなる。

坂本　縄文という言葉はいつ頃から使われるようになったんですか？

中沢　明治時代ですね。

坂本　明治の国家建設や民俗学も、統一された日本という幻想とともにはじまってるわけでしょう。「縄文」にも、そういう単一民族幻想が反映されている。

中沢　関東でたくさん縄目の文様の土器が見つかったときに、それを「新石器」というユニバーサルな概念にしたくない心情が働いたんだと思うんですね。それは、日本の新石器文化の独自性にたいする愛着もあるし、たぶんやっぱり愛国的なものも働いていたんでしょうね。

坂本　そういう気がします。だから「縄文」と言ってしまうと、何かが見えなくなってしまう。フィルターがかかるというか、ぼくらがもっている多様性、ＤＮＡ、文化がひじょうに複合的であるということが、一挙に見失われる。その疑いがこの旅をとおしてだんだん大きくなってきましたね。

中沢　新石器文化という言い方も、正確じゃない。そのベースを新石器革命がつくってるわけですけど、これはいまの中東の地域で発生した新石器文化のなかの特殊な面を拡大したものです。動物を家畜化し、農耕をはじめて、ある文化パターンをつくった。ところが、縄文文化もそうだし、アメリカ先住民族の文化にしても、中東型のモノカルチャーをつくらなかった。そうすると、新石器文化という言い方を一様に適用していいのか、という疑問が出てくる。旧石器と新石器のあいだに、そんなに大きな断絶があるのかっていうことも、あいまいになってきますね。

坂本　正しいかどうかは別として、ぼくは、ＯＳとしては変わってないんだと直感しています。

中沢　旧石器時代の人類にすでに発生している脳の構造ですね。

坂本　ＣＰＵは変わってないし、ＯＳも変わってない。ただアプリケーションがちがうだけだというふうに、ぼくは理解してるんです。

中沢　そのアプリケーションのちがいというのがどこからきてるのか、そして新石器革命以降のモノカルチャーが展開した原因はどこにあるのか。それは大きな問題だと思う。

坂本　幾何学の発生と関係があるでしょう。王宮の部屋の壁にタイルを貼るときに、複雑なかたちをしたタイルを何枚注文すればいいのか。ひとつの小さな単位があって、その繰り返しで大きなものをつくっていくという線形的な思考がモノカルチャー的ですね。

非線形の要素を取り込む

中沢　いろんな面でそのことを考えていて、近代哲学者のなかで、その問題についていちばん意識的に触れていたのは、ハイデッガーなんじゃないかと思うんです。「存在」と「存在者」というのを分けようとしてますけど、存在はモノカルチャーにならないんですね。これはいわば、底なしのもの。存在は生と死のような二極分化ができないもので、いつも中間の状態を持続していて結果を出さない。ギリシャ哲学にもその概念があるとハイデッガーは言います。

坂本　とても仏教的ですね。

中沢　ギリシャ哲学といわれるものが、じつは、ギリシャ以前のアジア・アフリカ文化をベースにしているんだということを、ハイデッガーは言いたかったのかもしれない。

坂本　旧石器的なものだってことに気づいていたんでしょうね。

中沢　ハイデッガーの哲学を見直さないといけないと思っているのは、そこですね。新石器革命以後の世界を「存在者」と言おうとしてたんじゃないか。存在者というのは、有と無が転換しない。ずっと有なんです。

坂本　存在者は、ヘーゲルだね。線形的思考の極限に近いでしょう。

中沢　ヨーロッパ思考といわれているものは、新石器革命以降の線形思考を洗練したものですね。それは結局、文化のなかに無を入れないし、交換のなかに贈与を入れない構造になっている。これにたいしてハイデッガーは異をとなえたわけですよね。ハイデッガーの『技術論』の新しい解説書をつくりたいと思ってるんですけど、ヨーロッパのなかにあって、ヨーロッパが触れようとしないところへ触れようとしていた人ですね。

坂本　20世紀にヨーロッパ的な線形的思考が行きつくところまで行って、解体が起こりましたよね。シェーンベルク、フッサール、ハイデッガーというのは解体をやった人たちです。それは1世紀くらい経たないとわからないのかもしれなくて、21世紀になってやっとわかってきたわけですね。

中沢　坂本さんのオペラ『LIFE』を聴いていて、いちばん耳に残ったのは、マーラーの曲で。

坂本　あれはマーラーじゃなくて、マーラーもどき。マーラーはおもしろくて、ユダヤ人でものすごく頭がいい人だけど、ただ長大な曲を書きすぎる。巨大なアンサンブルをつくりすぎて、どんどんほころびができてくる。ある意味ではヨーロッパ的な線形的思考の限界を示している人でもある。だからぼくはマーラーもどきをつくって、チョキチョキ切り刻み、分解してみた。

中沢　シェーンベルクも同じ問題を追求した。それはユダヤ教があるわけでしょう。ハイデッガーの場合は、ギリシャの前にあるもの。いまならそれはアジア・アフリカだとはっきり言える。それは仏教にもつながっていく思考方法。

坂本　だけど、線形的な文明がまだ続いているわけで、それがあまりにも長大に巨大になりすぎて、ほころびはじめている。そして、地球環境ともぶつかってしまって、支えきれなくなっている。

中沢　視点をどう変えていくか。原発の問題も同じで、視点が膠着している。原発をつくりだしていく思考は、線形的な思考の極限みたいにして出てきているわけですよね。だから、反対派か、推進派かのふたつに分かれてしまう。

新石器革命以降の、あるパターン思考の最後のこわばったかたちを、われわれはいまとっているというか、とらされているわけでしょう。それをなんとか揺り動かそうとする運動をはじめようとしてるんですよ。

坂本　そうはいっても中沢さんは、線形的思考にすぐれた方なわけです。ぼくにしても、音楽をつくるというのは、かなり線形的なものなんです。はじまってから終わるまでの直線的な時間のなかに、いろんなイベントを生起させて、最後はチャンチャンと終わるわけで、どうしても一直線なんですよ。だけど、今度のインスタレーションは、「時間軸がない」と言ってもいいような空間での音の置き方なんで、ぼくにとってはまったく新しい思考法だったんです。

中沢　クセナキスとはちがいますね、音のテクスチャーが。

坂本　クセナキスはかなり線形的ですよ。クセナキスは時間内構造と、時間外構造ってことを言ってるんですね。時間外構造というのは時間にしばられない音の構造をつくるってことだから、それは非線形ってことで、わかってるんですよね。ぼくは18歳頃に、クセナキスにグッともっていかれたんだけど、それからずいぶんたって、やっと一歩を踏み出せたかなっていう感じはあります。

中沢　こういうことはしつこくやらないとね（笑）。

坂本　わざわざ鹿児島まで来て、結局同じ問題にぶつかっていくというか、いつも同じ問題に立ち戻るんだけど、具体的な事物を見ることですごくインスパイアされるので、足を運んで自分の目で見るのが大事だなっていうのは、よくわかります。あの「なげきの森」を見るだけでも大事だよね。

中沢　学生のとき、鹿児島の離島でフィールドワークしてたんですね。だから、このへんもしょっちゅう歩いてたんです。いまこうやって同じ場所を昔よりもかなり駆け足だけど歩いていると、昔よりも見えているものがずっと広いし深い。これだけインターネットが発達して、情報はすぐに手に入るけど、現場に行くとぜんぜんちがうものが見えてくるというのが、この世界のすばらしさだね。

（山口・鹿児島への旅　２００７年５月21日〜23日）

妙見温泉の犬飼滝

第五章 青森

青森へのいざない

中沢新一

坂本さんとの旅の出発点は青森でしたが、最後にふたたび青森へと向かうことになりました。

縄文文化の最後の華ともいうべき爛熟が東北地方に展開したわけですが、東北文化のなかでは、死のリアリティを自分たちの暮らしやものの考え方のなかに繰り込み、生と死の共存する文化をつくるという技術が発達しています。その理由として、この地域には狩猟採集文化が長く生き続けていたことがあります。狩猟採集文化というのは、どうしても生と死の一体性を主題にせざるをえません。人間が生きていくため動物を殺さないといけない。生は同時に死であり、死は同時に生であるということを、日々深いレベルで痛感せざるをえなかったということです。これは新石器初期の文化の特徴ですが、日本列島は、これが洗練されたかたちで発達をとげ、いまに至るまで生き残っています。

たとえば東北の盆踊りを見てみると、どこの盆踊りよりも異様な感じがします。それは仏教に取り込まれる以前の原型をとどめているからで、古くは、あの世から死者がやってきて、生きている人といっしょになって踊るお祭りでした。これはぼくらが言うところの縄文的思考が、東北文化の基礎に据えられていることのしるしですが、いまも東北文化のいたるところに、その思考方法を見いだすことができます。

北海道
津軽海峡
下北半島
津軽半島
陸奥湾
六ヶ所村立
郷土館
六ヶ所原燃
PR センター
六ヶ所村
原子燃料
サイクル施設
青森
三内丸山遺跡
青森県立郷土館
青森県立美術館
小牧野遺跡
青森県
八戸市
縄文学習館
八戸
十和田湖
秋田県
岩手県

縄文後期の環状列石を中心とする小牧野遺跡。手前に見えるのは馬頭観音碑。このあたりは江戸時代には馬の放牧場で、環状列石の立石が観音様として信仰された。

八戸から青森に入る。八戸の是川遺跡では、縄文晩期の土器や土偶の美しさにひたすら圧倒された。

翌日はずっと北上して六ヶ所村へ。縄文草創期から晩期までの遺跡がいくつも見つかっているが、いまは核燃料サイクル施設で有名である。ドキュメンタリー映画『六ヶ所村ラプソディー』（鎌仲ひとみ監督、2006年）の舞台。核燃料再処理工場による放射能汚染の危険性を訴えるキャンペーン「STOP ROKKASHO」を展開してきた坂本さんにとって、さまざまな思いをこめた訪問となった。六ヶ所村立郷土館でこの地の豊かな縄文文化に触れた後、六ヶ所原燃PRセンターの展望ホールにのぼった。森と沼と核燃料サイクル施設、そのすぐ向こうに太平洋が広がっている。

3日目は青森市内へ。縄文前期から中期の大集落である三内丸山遺跡と、縄文後期の環状列石（ストーンサークル）の小牧野遺跡を訪れ、その石組みの生々しさに触れた興奮も冷めやらぬまま、対話がおこなわれた。

環状列石がしめす国家寸前の状態

中沢　ついに東北にやってきました。八戸の是川遺跡から六ヶ所村をまわって、青森の三内丸山遺跡、そして小牧野遺跡へ、縄文草創期から晩期までの文化をずっと眺めてきたんですけど、前回訪れた鹿児島の上野原遺跡と同様に、東北でも草創期に高度な文化が展開していました。いまは中央から見る史観ができてしまっていて、東北も九州も辺境という感覚がありますが、むしろ縄文時代には、先端的な文化の拠点として東北と九州がつながっている印象を受けましたね。改めて日本列島を見ていく上で、これは大切な視点じゃないでしょうか。そして、東北は北の世界だと言われているけれども、じつは南の文化圏的要素もかなり入っている。

坂本　南から人間が物理的に来たのか、文化の影響だけが来たのか、あるいは大陸とつながっていた頃にアムール川流域からやってきた北方モンゴロイドの末裔なのか、そのへんは素人なのでわかりませんが、その混じり方は興味深いですね。ぼくの印象として、青森の人って、あまり縄文人ぽくない気がするんです。食べるものやライフスタイルは縄文時代とひとつながりのような暮らしをつい最近までしていたのに、目がくぼんでないし、あごも発達してないし、形質人類学的にはそんなに縄文人らしくないように見える。それがずっと不思議だったんですけど、意外と簡単に南方から海流に乗って来られることを考えると、かなり混血してるのかなという想像は働きますね。

中沢　縄文後期の小牧野遺跡を見ると、いつ国家ができてもおかしくない状態まできていたのがはっきり見えますね。ぼくたちはさっきまで小牧野遺跡にいたんですけど、とても生々しい感触がありました。

坂本　あの環状列石のなかにいると、石を運んできて、お祈りしている人たちの姿が見えるかのようで、不思議な感覚になりますね。三内丸山遺跡よりも一歩進んだ宗教心のあり方で、国家寸前まできている気がします。ぼくは直感的に、環状列石というのは天を地に模したものだという感じがしたんですが、ただ岩を拝んだりするのとはちょっとちがって、天上の世界を人工的につくろうとしていると思う。そして、一般人は土葬なのに、何十年かにひとりの特別に選ばれた人間だけが土器棺に入れられて埋葬されている。ひとりの人間が自然のパワーを象徴するようになって、集中した権力をもっているということで、ほとんど天皇制直前のかたちに思えます。

中沢　生きている人間が、自分た

環状列石は三重の環からなり、外側の環は直径35m。
ところどころに祭壇状の特殊な石組みがある。

ちの村を模して、天上界をつくっている。抽象的・観念的な世界をつくりあげているわけですね。

坂本　上から見ると、アマゾンの集落のかたちとそっくりですね。ああいう死者の世界が天上にあるんだということで、選ばれた人間がそこに葬られて、象徴的な権力が発生している。

中沢　アジア全域の思考方法がそっちの方向へ動いていったわけで、その中心が黄河流域だったと思いますが、周辺もその動きに無縁だったわけではなくて、この列島においてメルクマールになるのが環状列石群だと思うんですね。

そのひとつ前の段階として、生と死を分離することが起こっています。縄文中期の遺跡群を見てみると、死者と生者が入り交じる状態をつくっていますよね。村の中央には墓地があって、空間的にも死者と生者が共存しているし、一日の時間のなかでも、昼間は生者の世界だけど、夜は死者が入り込んでくる。生者の世界と死者や精霊の世界、このふたつの世界が入れ子構造になっていて、均質な世界ではないんですね。この均質ではない空間をどう表現するかということで、ドゥルーズ＝ガタリは「フラクタル」という言い方をしたわけですが、他界の力はこの現世の細部に至るまで入り込んでいる。この現実世界のなかに小さな穴が無数に開いていて、他界へと通じていて、生きている人間は、向こうへ行ったり戻ってきたりを繰り返している。そういう世界だと、死者を村のなかに葬ることをします。ところが縄文後期になると。

坂本　聖地をつくって分離しちゃうのね。

中沢　死者の世界を村の外へ出して分離しはじめる。そうすると、不均質だった生者の世界は均質空間になり、死者の世界も観念的になって記号化されていく。

坂本　人間世界と自然が分離されて、その上、一部の特権的な人間が自然の力を象徴し、その力を行使するようになっていくわけです。

中沢　小牧野遺跡を見てもわかり

ますが、環状列石の段差が示すように、人間のあいだに上下の区別が出てきています。陸奥湾を見下ろす高台の森のなかに聖地をつくっていて、神の視点になっている。

坂本　まさにカミは上＝神だと感じました。

中沢　その時代に土製仮面が出てきます。仮面の機能を考えると、生きている人間が仮面をつけて顔を隠すことで、他界の存在になるわけですね。そして仮面をつけた存在が他界から出現してくるというお祭りをする。現世と他界を分離しておいて、そのあいだをつなぐ存在があることを表現するようになっていく。

坂本　ミディアム＝媒介者の出現ですね。縄文人のなかにすでに、国家の誕生につながっていく大きな心的変化があったということが重要ですね。

国家の発生を抑えるもの

中沢　国家がいつ生まれてもおかしくない状態にあるのに、そうならなかったのは、国家の発生を抑える何かがあったってことでしょう。

坂本　ピエール・クラストルが書いているけど、アマゾンのインディオの社会のように、意図的に国家にしない仕組みがあったと考えていいと思う。

中沢　アメリカ大陸の場合、インカやマヤなんかは国家ができたんだけど、わりと短命ですよね。もともとアメリカ大陸の先住民族はモンゴロイドですから、中国で高度な文明をつくった人たちと同じ起源をもっている。だから、DNAのなかには、国家をつくる要素もあって、いったんは国家形成の方向へ向かったのに、それを解体しようとする精神性もひじょうに強かった。

坂本　ある意味、進化とも言えるよね。

中沢　文明的な進化ですね。そっちには行かないっていう方向を選んだわけでしょう。ところがアジ

青森市の三内丸山遺跡にて。六本の巨木柱は祭祀に使われたのだろうか。

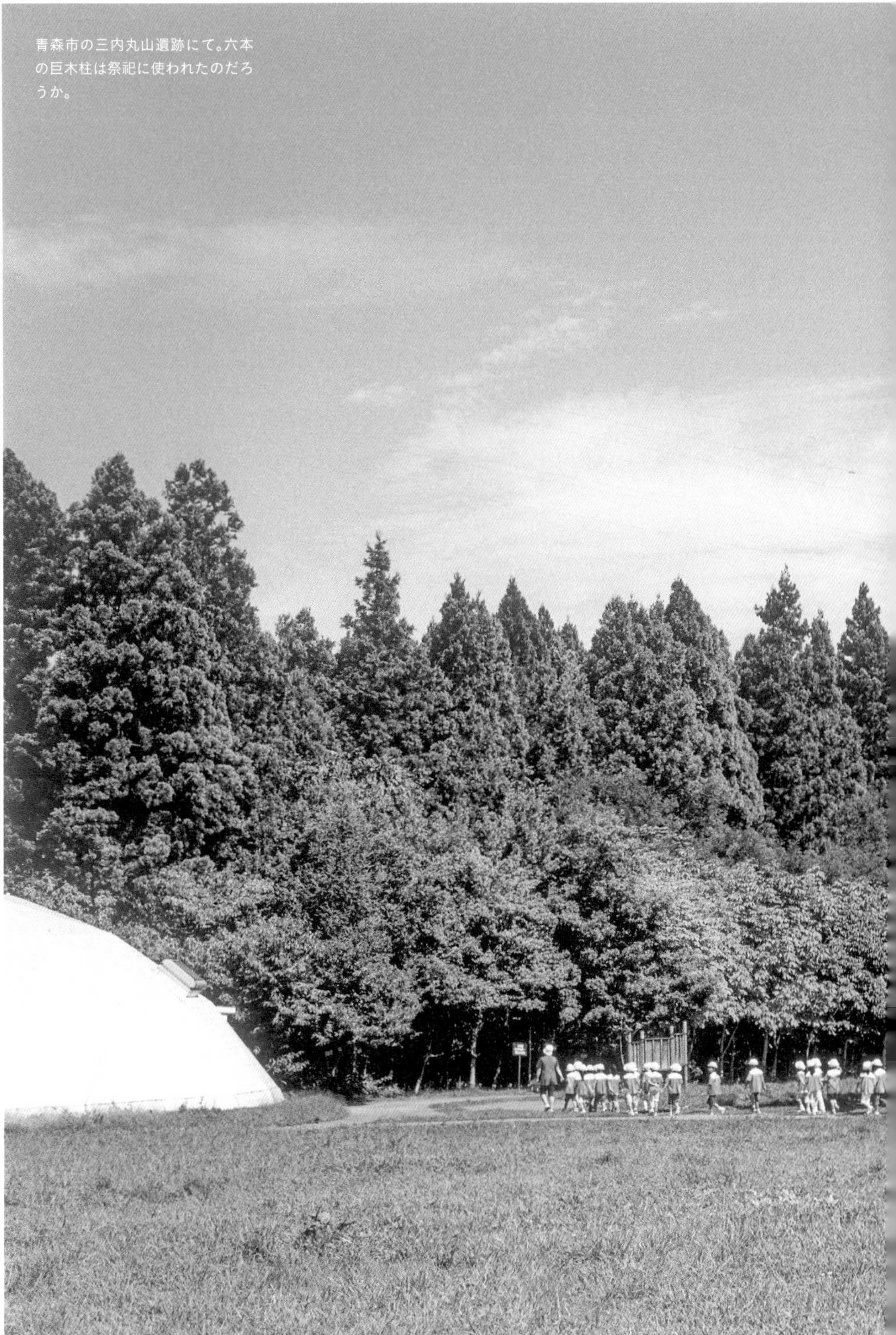

縄文前期～中期の大集落跡が見つかった三内丸山遺跡。ひときわ大きな竪穴式住居は、集会所や共同作業所と考えられる。

八戸市にある是川遺跡。縄文晩期の是川中居遺跡からは、
土器や土偶、弓や飾り太刀などの木製品も出土。

土偶の頭部。是川遺跡の出土品は、
八戸市縄文学習館に収集、展示されている。

土偶　いずれも是川中居遺跡出土
縄文時代晩期　八戸市縄文学習館

箆形木製品
琴として用いられたと考えられる。
アイヌの竪琴トンコリを連想させる。

注口土器

アでは、中国が国家を形成するほうへ行ってしまった。

坂本　ひとつ国家ができれば、その近隣の部族も国家をつくって対応せざるをえなくなる。あるいは帰属するかの対応を迫られるから、どうしようもない。

中沢　どこかが核をもてば、周辺の国だってもつという、世界で起こってることと同じことが起こったわけですね。日本という国号も、中国に対する外交的な必要からつけられたわけだし。

坂本　でも、それ以前は、じつは意識的に国家をつくらない社会を何千年もやっていた。

音楽や科学とシンクロする国家

中沢　大きな思考の変換とともに発生した重要なアイテムとして、今回の旅で印象的だったのが、琴でした。

坂本　遺物のなかでどれが楽器なのかというのは判断が難しいと思いますが、琴以前の楽器というと、確証があるのは石笛《いわぶえ》ぐらいですね。石笛だと音程をコントロールしにくいので、音律という観念は生まれにくい。しかも複数で演奏するときに、同じピッチは出せないです。ところが琴は数学的に調律できます。ある長さの弦を、2対3という比数で割ると5度になり、1対2だとオクターブになる。それはもう数学なんです。5度ずつ重ねていって、ひとつのオクターブのなかに並べてみると、半音を含む12音階になる。

中沢　音楽は数学と結びついていたわけですね。

坂本　数学であり、天文学であり、物理学でもありますね。中国ではじまった尺貫法もそうですが、国家が社会を管理して税金をとりたてるために数学が発達していく。琴が出てきたら、数学、科学、国家に向かう思考がはじまったと考えていいかもしれませんね。

中沢　人間が5度の音を知覚するのは、おそらく旧石器の洞窟のなかで祭祀をおこなっているときに自然に起こったんだと思います。

坂本　5度は自然に出てきたんでしょうね。音楽の実験があるんですが、ひとつの部屋に何十人かを入れて、何か歌わせるんです。最初はバラバラな音で歌ってますが、何分かやっていると1度と5度と8度、つまりオクターブと5度にきれいにならんじゃう。だからきっとショーヴェでもアルタミラでも、男性たちが洞窟のなかで歌っていたとすれば、自然に5度と8度は出てくるでしょうね。だけど、ほかの2度なり、3度なり、6度なり、7度なりは難しいと思います。とにかく石笛から琴への変化は、ものすごく大きなジャンプなんですね。

中沢　神話と音楽を対照的に考えるというのはレヴィ=ストロースの研究によく出てきますが、神話では自然と文化の対立が基本になっています。自然は動物と人間が共有しているものですが、文化は人間だけがつくりあげた構成物です。それから超自然というのがあって、精霊なんかがいる世界です。音楽を考えると、ベースとなるのは基音と5度音、さらに1オクターブ上ですね。「基音=自然」と考えると、「文化=5度音」で、ちょっとずれる。自然と文化の5度のずれが、神話の思考方法にとってはものすごく快感なんですよね。人間は動物と同じ状態だったのが、火を使ったり言葉を話すことによって、自然からはずれていって5度を形成する。しかしそれは安定しないものだから、超自然のほうへ行って1オクターブ上がる。1オクターブ上がると、また自然のほうへつながって安定する。自然から文化へ移行したり、また自然のほうへ戻ったりするのが神話の主要なテーマになっていますが、神話の思考方法と音楽の構造がパラレルの関係になっているとした、それは人間の根源的な思考方法のなかに潜んでいるものであるはずです。そんなふうに旧石器時代から音楽の組織化がおこなわれるようになって、それが新石器文化への組織化の原理のひとつになってると思うんです。琴のように弦をコントロールする楽器が生まれるような思考方法が趨勢になってくると、いままであった自然と文化の関係、超自然との関係を、人工的に知的に組織化することが可能になっていく。

坂本　是川遺跡の琴は、2弦以上ありましたね。どういう調弦にしたのか気になりますね。

食とセックスは死に直面する行為

中沢　国家が発生する前と後をつなぐ蝶番《ちょうつがい》があって、おそらく吉本隆明さんが言うところの「対《つい》幻想」とも関係するんですが、それはセックスだと思うな。旧石器時代からずっと男性器と女性器の結合を表現した石像なんかがいろんなかたちで出てきますよね。それは生殖と豊饒、生命の誕生の象徴でもありますが、セックス自体、ある種の超越的な体験で、死の領域に触れているわけですね。それまでは石の上に性器の結合を描いていたのが、王と王妃の性的な結合という幻想形態につくり替えられていく。仮面の発生や音楽の発生と同時に、男女の性的な結合という幻想形態があって、王権が発生するポジションにひじょうに近いのがセックスなんですよね。天皇制の根源には、性の問題、対幻想があるというのは明らかです。

坂本　だから現代でも皇室の性にまつわる話題は、国民の大きな関心事なのですかね。そこに権力の根源的なものがあるということを、みんな本能的に感知しているのかもしれない。

中沢　もともとセックスと食べる行為の関係はすごく深い。

坂本　「食った」と言いますね（笑）。

中沢　「いただきました」とか（笑）。天皇は、即位儀礼のときに作物を食べるわけですよね。古代の采女《うねめ》の考え方もそうです。天皇は、日本列島の大地がつくりだす作物のお初ものをいただくんですが、そのなかには、各土地から献上される美しい処女も含まれる。食べる人、食べられる人がいて、食べることによって国家という統一体をつくりだす幻想が発生してくる。食べられることによって幸福を感じる人々もいるわけで。

坂本　食べることもセックスも、死と血が絡んでいますが、血のケガレを忌避していく日本の美意識もたいへん興味深いと思いますね。これは狩猟民の感性じゃない、稲作民的な白を重んじる感性だなと思う。

中沢　狩猟民的な世界では、つねに死や血と直面していないといけない。そして殺す動物と自分はきょうだいなんだという意識がある。

坂本　ケガレというイメージはない。むしろ、いとおしいものの命をいただく、つまり同化するという気持ちにつながる。

中沢　愛情の対象を引き裂いてひとつになるという、ここがまたセックスと深い関係が（笑）。

坂本　夜のネオン街には、狩猟民的な性の世界がまだあるのかもしれないですね。

中沢　ぼくらはいま青森県立美術館のなかにいるんだけど、美術館の空間は白で。

坂本　ホワイトキューブですものね。

中沢　そのなかにあるタブローやインスタレーションでおこなわれていることは、赤、血なんですよ。そこに出ているものは何かというと、作家の無意識であり、内臓の感覚。

坂本　現実世界でやられると困るけど、美術館のなかならタブーを表現してもいい、ということでしょうか。巨大な額縁として。

中沢　この美術館がおもしろいのは、三内丸山遺跡と接していて、縄文文化と地理的に結合してるんですね。内臓感覚や無意識を外へ出す行為という点で、現代美術と縄文的な表現は変わらないんだってことが見えますね。おどろおどろしいかというと、そんなことはぜんぜんない。それはひじょうにクリアで、クールでもある。ということを、この美術館自体が表現してますね。

坂本　前回行った山口情報芸術センターにしても、本州の南北の

青森県立美術館。夕方になると青いネオンが灯る。

縄文時代と現代を行き来しながら対話が続く。

エッジに、いい現代美術館があるというのがおもしろいですね。

平和学の構築

坂本　チンパンジーは男社会で階層性があって、ボスが代わると、前のボスの子どもを全部殺しちゃう。それはライオンもやりますね。チンパンジーから少し進化したボノボは、闘争を回避するために、集団が出会うといきなりセックスする。平和的なんですよ。だから、人間にはチンパンジー派とボノボ派、両方のＤＮＡがあるのかもしれないですね。

中沢　いまの平和学って戦争と関係のない平和という、すごく抽象的なものをつくろうとしている。だけど平和は戦争と背中合わせ、一体のはず。

坂本　縄文人だって戦争をしたし、武器もつくってたし、政治家もいただろうけど、どこかで歯止めになっていたのは、人間と動物がイコールで、行ったり来たりできるということ。

中沢　敵をつくらないいんですよね、絶対的な敵を。

坂本　それは生活のなかにスピリットが組み込まれていたってことなのかなと。

中沢　大昔は、戦いで敵を殺すと食べていたでしょう。

坂本　相手の霊をリスペクトしていただく、取り込む。首狩り族もそう。食べることはリスペクトの形態ですね。

中沢　いまぼくらはお店で肉を買って食べることにおいて、なんの罪悪感もなく食べてるけど、昔は肉を食べながら、自分のきょうだいからいただいているものだから、お返ししなくちゃいけないという感覚があった。縄文人にとって動物は敵でもあるけど、同時に自分たちのきょうだいでもあった。近代人がなぜ人肉を食べることを恐怖するかというと、その感覚がなくなったからですね。

坂本　中沢さんの本『熊から王へ　カイエ・ソバージュ』（２００２年）に書いてあったけど、シャチの神話で、すごく切れる剣が出てきたことによって人間が圧倒的なパワーをもってしまい、動物との対称性が崩れたというのがあったでしょう。人類の兵器の進化を見ると、なるべく敵から遠ざかっていくんですよ。いまは何万キロと離れたところで操作して、宇宙空間からレーザーで一瞬にして消すとか、そういうことになってきている。コンピューター上のネットワークからIDを抹消するとか。科学技術の発達とともに、相手からどんどん遠ざかっていく。すると、相手はどんどん生身の肉体をもった人間ではなくて、記号化されていく。モニターで見ながら、ピッとボタンを押すと、人が倒れる。そうすると、ただのゲームになってしまう。そこで血を流して死んでいるのに、まったく血を感じない。逆に考えると、いかに人が血を恐れているか、死を恐れているかってことでもあるわけです。そのバランスが崩れる最初のきっかけになったのが、シャチの剣だと思うんですよ。それまでは、一対一で対峙していたのに。

中沢　昔の人が、敵を食べるのは、実存として見ているから。

坂本　敵の首をとるとは、その名残でしょうね。

中沢　それを野蛮だと言うけど、そうじゃない。何をもって野蛮と言うかです。

坂本　むしろ衛星からレーザー砲で狙うほうが野蛮。あるいは、コンピューター上でアイデンティティを抹消するなんて、こんな野蛮なことが簡単にできるようになっている。その危機感はありますよね。

縄文の旅はなぜ必要なのか

中沢　縄文の研究は、過去だけじゃなくて、未来を照らす可能性がある。

坂本　現在が変更可能だってこと。

中沢　縄文文化やアメリカ大陸の先住民族の文化というのは、文化が単一原理でできてないんですよね。時間ごとに原理が変わるし、空間のなかでも単一じゃない。つ

六ヶ所原燃PRセンター。六ヶ所村については、坂本さんのプロジェクト「STOP ROKKASHO」や、鎌仲ひとみ監督の映画『六ヶ所村ラプソディー』に詳しい。

展望ホールからの眺望。この付近には縄文遺跡がいくつも見つかっているが、現在は原子燃料サイクル施設が立つ。

まり非線形なんですけど、そうすると、空間構造でいうと、スカスカの穴だらけみたいな構造になる。それを縄文の遺跡は、はっきりと見せてくれる。この列島上に展開した文化には、まだ巨大な潜在能力が眠っていて、それは土の下に眠ってるだけじゃなくて、われわれの心のなかに眠っているわけですからね。可能性の穴はふさがれてはいない。ぼくらが率先してやろうとしているのは、その可能性の穴を広げていくこと。ぼくらがなぜ縄文文化に関心をもつのか、縄文の旅を続けるのかというと、新石器文化がもっていた可能性を考えたときに、現在あるような方向性ではないものがあり得たということが、手につかめる感触として日本列島のなかに残っているからなんですね。

坂本　人類はいまぼくたちに見えている現代文明へと必然的に至ったわけじゃなくて、ほかの可能性もあったわけで、その可能性をいま取り出してこないと、デッドエンドになるぞという危機感がありますね。

中沢　その可能性が、遠い過去にあっただけじゃなくて、われわれの心の潜在的な空間のなかに生き続けているんだということを確認する旅なんです。

坂本　じつはいまでも穴ぼこはたくさん開いているということですね。だけど、いちど人間がつくったシステムはなかなか容易に変更できないところがある。貨幣にしても法律にしてもそう。すると現在の地点に一直線にきたかのような錯覚に陥るけれど、歴史なり、いまあるものでもよく見てみると、そうじゃない可能性がたくさんあるんですね。

中沢　多様な分岐点がいっぱいあったし、いまだって、見えなくなっているだけだから、意識して、努力して、その可能性を閉ざさないようにすること。

坂本　あるときからリニアな方向に行ってみようと世界が動いて、そのまま20世紀のなかばまできた。コンピューターが出てきて、人間の計算力が爆発的に大きくなったら、自然現象のようなノンリニアな現象をだんだん扱うことができるようになってきて、それで急にノンリニアな思想ってことを言い出してるんだけど、自然とか、われわれのからだはノンリニアにできてるんだから、もともとそうなんですよね。

中沢　ノンリニアな思考方法が入ってくると困るものがあって、それは権力です。人間のアイデンティティを固定できないと、税金が徴収できないからね。権力と結びついた科学技術はリニアにつくられているから、いろんなところで破綻している。核技術は、その極限点にいる。

坂本　原発というのは、大きなタービンを水蒸気で回してるだけなんです。

中沢　蒸気機関車と同じ原理ですね。

坂本　産業革命の最初の頃と同じで原理で、石炭を燃やすかわりに核爆発で熱をつくってるだけなんですね。

中沢　発想は進んでないんだ。

坂本　２００年間進んでない。こんなアホな話はないと思う。

中沢　その思考方法の根源は何かというと、ハイデッガーが言ったテクネーでしょう。大地のなかに眠っているものを挑発して、外へ引っぱり出す。石炭でも石油でも、その発想の延長にある。

坂本　火を使いはじめたときから、人間にはその思考方法が芽生えていた。プルトニウムがローマ神話の冥界の王プルート（ギリシャ神話のハデス）から名前をとっているのは、ひじょうに象徴的ですね。

中沢　なぜ音楽家の坂本さんが、ＳＴＯＰ ＲＯＫＫＡＳＨＯの運動をやっているかというと、20世紀後半から芸術が取り組んできたのは、非線形の要素を取り込むことだったからでしょう。人間の脳のなかにある巨大な潜在能力を圧殺してきたけれど、芸術や哲学、科学のある部分は、それを突破する努力を続けてきた。ところが、芸術も科学も、商業化というものがかかわってくると、リニアのほうに取り込まれていく。

坂本　数字はリニアなものだからね。数字の価格をつけることによってリニアな約束の社会に存在させてあげるよってことだし、それがないとはじき出されちゃう。ところがその体系がリゾーム的なインターネットによって混乱しはじめている。グローバリゼーションというのは、リニアな組織力であって、それによって世界が覆われてしまっていることにたいして危機感がある。異なるパラダイムなり、異なる原理に気づいているんだから、それを明確に打ち出して、「いまあるものだけじゃないよ」ってことを言わずにはいられない。

「縄文」を定義し直す

坂本　草創期の土器は、ひじょうにシンプルだけど、すでに完成したフォルムをもっていることに驚嘆しますね。草創期であんなに完成しているということは、その前にも高度な文化があったはず。鹿児島でも話したけど、縄文というパラダイムでは区切れない気がする。時代を区切ることで前後のつながりを見えなくしてしまう。縄文というと、日本だけで成立しているニュアンスが出てきて、旧石器文化との連続性を隠してしまうとしたら、欠陥があるパラダイムじゃないか。

中沢　縄文というパラダイムは、ものごとの本質をとらえるにはいいんだけど、半面では、日本列島に展開した文化を内側に閉ざしていく傾向もある。新石器革命というのは、動物の家畜化、灌漑を使った農業の開始、それによる都市化がセットになっている。だからといって、新石器文化をすべてこの単一原理でひとくくりにしてしまうことには抵抗があります。それは、国家形成と都市化にストップをかけていた原理も、新石器文化のなかにあったということですね。それをとりあえず「縄文」と言ってるんだけど、その意味は、国家寸前まではいくけど、寸前でストップをかけている新石器文化を、とりあえずこの列島では「縄文」と言いましょう、ということではないかと。

坂本　そのように定義し直すほうがいいかもしれないですね。ただ、自分たちのなかに、国家形成に向かう誘惑があることも確かなんですよ。

中沢　それは脳のなかにセットされているものですね。でも、その誘惑を抑える何かもあった。その何かというのは、人間と動物の関係であったり、人間と自然との関係だったりするんです。

坂本　それがどこかでたががはずれて、自然をコントロールしようとするようになった。

中沢　その荒々しい形態が、核技術、原発というかたちであらわれている。

坂本　人類が支配できないものの象徴である気候ですら、いまや最先端の科学でコントロールしようとしている。

中沢　それを理由にして、危険なほうへ進もうとしていますね。かつてラブロックの「ガイア仮説」の本を読んで、ぼくなんかもたいへん感心したんだけど、『ガイアの復讐』を読むと、そこで提示されている道がわれわれのとるべき唯一の可能性じゃないと、はっきりわかる。ラブロックが「原発を容認しないかぎり、人類の未来がない」という方向に走っていっているのを見ると、それはちがうんじゃないか、と。原発のような20世紀型の技術じゃない技術は、この先、開発可能だぞって思うんです。ぼくらは縄文の旅を先導して、国家の思考を抜け出た世界に若者たちを導こうとするハーメルンの笛吹き男みたいなんだけど、観念じゃなくて肉体的感覚で、日本人の限界を拡大、突破できるものが、じっさいに足元にあるということを見せたいんです。そう思って旅してきたんだけど、じつはぼくら自身がいちばん感化され変わっちゃったかもしれないね。

坂本　ぼくがいま20歳くらいでプログラミングができたら、縄文というOSをつくりたいですね。縄文ぽいと感じる音楽をやったりと

八戸から十和田湖へ向かう途中で立ち寄った「キリストの墓」。

いうのはいわばアプリケーションやファイルであって、それよりもぼくらの思考法を決定しているOSを変更しないといけないと感じます。縄文という、多層的で、多様性に富んだ新しいOSを。

（青森への旅2007年9月17日〜19日）

さらなる旅に向けて

グリーンランドへの旅

中沢 グリーンランドへ行ったんでしょう?

坂本 2008年の9月、10月に。科学者とアーティストが北極圏に行って地球温暖化の実態を調査する「Cape Farewell(ケープ・フェアウェル)」というプロジェクトだったんですけど、ずいぶん気持ちが変わりましたね。先住民族のイヌイットたちに会ったり、なにより自然の風景に衝撃を受けた。

中沢 チベット以上だね。

坂本 チベットには「木1本は人間ひとりより貴重だ」っていう言葉があるのでしょう。でもグリーンランドは、その木すらない。ということは燃やすものがないから、火で調理できなくて、獲ったアザラシやクジラを生で食べるしかなかったんだけど、それがよかった。生で食べるとビタミンなどの栄養素をそのまま摂取できるから生存できた。巧まざる知恵っていうか、そうするしかなかったんだけど、自然の巧緻を感じるね。

中沢 本多勝一の本『カナダ=エスキモー』(1963年)で最初にイヌイットの生き方を知ったんだけど、生肉、ことに内臓の食べ方は、若い頃に読んでショックだった。

坂本 ぼくらも今回、クジラやアザラシの生肉を食べたんだけど、一緒に行ったのがほとんどイギリス人とアメリカ人だったのね。ローカルの文化をリスペクトしなきゃいけないというPC（ポリティカル・コレクトネス）がものすごく強いから、一生懸命、我慢して食べてましたけど。ぼくら日本人は馬刺しとか食べ慣れてるから抵抗なかった。

中沢　ぼくは育ったのが山梨で、馬刺しを食べる地域なんだけど、個人的にどうも生肉が得意じゃなくて。人類学者になりたいと思ったときに、生肉じゃない地域がいいなって。

坂本　火の通ったものを食べたいと。

中沢　それは地域を選択する上で、ひとつの重要な要素だったんです。イヌイットのところには行ってみたいけど、生肉だけはちょっと（笑）。

坂本　グリーンランドには10日間いたんだけど、見渡すかぎり氷と水。地球が水の惑星だということをこんなに実感したことはないですね。

中沢　アラスカよりすごい？

坂本　アラスカはまだ土が見えるけど、グリーンランドは土壌がまずない。氷が解けたり割れたりすると、その下は岩盤なんです。植物が生えていても苔くらいで、それすら氷に覆われているからほとんど見えなくて。帰りにアイスランドの飛行場に着いたら、秋だからもう枯れ草なんだけど、ものすごく懐かしくて。「うわ、草だ！」って。10日間、そういうものを見ていなかったことを思い出した。生命のある世界に帰ってきたという感じ。そのくらい極は隔絶された世界ですね。アフリカでもアマゾンでも赤道近くは生命が横溢してるでしょう。同じ地球上でも、このちがいたるや、すごい。

中沢　グリーンランドは、話を聞くだけにしとこう（笑）。

坂本　極の世界では、なんと人間の弱っちいこと。じつは氷河の上で30分くらい迷子になったんですね。誰の姿も見えなくて、トランシーバーも聞こえないし、見渡す限り真っ白な世界で、どっちに向かっているのかもわからない。簡単に死ぬなと思いました。食べられるものなんて、そのへんに何もないし。イヌイットは、冬に氷が張ると海に出てアザラシを1年間分獲って備蓄して生きてきたんですね。天然の冷蔵庫みたいなもんだから、保存は家の外に置いておけばよかったんだけど、最近は温暖化だから外に出しておくと腐っちゃう。それで冷蔵庫を買わないといけなくなったそうです。とんでもないよね。

中沢　寂しい話だね。

坂本　2007年の冬に、はじめて雨が降ったんだって。それで氷が解けちゃった。

中沢　ほんとうに危機なんだね。

押し寄せる資本主義

坂本　氷河のいちばん厚いところは、2000メートルぐらいあって、いちばん下の雪は何万年も前に降ったもので、みずからの重さで押しつぶされてカチカチになっている。ぼくたちの知ってるような普通の氷じゃない。あまりに質量が大きいので、ゆっくりくずれていくんですよね。そして割れて海に落ちたのが氷山。ゴゴーッていってるのは何だろうと思ったら、氷山が移動してるんです。ちょうど『風の谷のナウシカ』に出てくる王蟲《オーム》みたいに、地平線の向こうまで、同じ方角に移動してるんですよ。なんか彼らが生きてるみたいで、愛着が湧いちゃって。

中沢　名前つけちゃったりして。

坂本　「氷山ちゃん」って呼んでた（笑）。海の上に出ているのは7分の1なんですって。ゴムボートで近くまで行って触ったりしてたんだけど、あとで考えると危なかった。ニューヨークに帰ってきたら、心にぽっかり穴が開いている。魂を氷河の上に置いてきちゃったようなんです。ぼくらだけかと思ったら、みんなそうなるらしい。

中沢　何人ぐらいで行ったの？

坂本　50人くらいのツアー。ローリー・アンダーソンも、いっしょだった。船で移動して、船のなかで飯を食って、ときどき船を下りてイヌイットの集落を見学するという。その行程のなかでイヌイットに音楽を聴かせてもらったんですけど、子どもたちの歌も大人たちの歌も、完全に西洋音楽なんです。

中沢　そうなんだ。

坂本　子どもたちに、ふだん遊んでいるときの歌を聴かせてと頼んだら、西洋の音楽をイヌイット語で歌って遊んでいるわけ。この30年くらいでこうなっちゃったらしい。猟をする人間も半減したし、どんなに小さな集落へ行っても、みんな携帯電話をもってる。ATMマシンがあり、大きなスーパーマーケットがあって、コーラも売っている。デンマーク領だから、デンマークの貿易会社がやってるのね。もっとひどいことには、氷が解け出してきたので、グリーンランド史上はじめて地面が見えるようになった。そうすると鉱物の宝庫だから、世界中から人がやってきてあっちこっち掘り返している。もっと温暖化を進めて、氷を解かせ、ぐらいのことを言ってる。グリーンランドのなかにも、そのほうが儲かるからいいと思っている人間もいるんですね。

変革のチャンス

中沢　坂本さんと青森に行った後に、金融危機が起こったじゃない。坂本さんと会ってぜひ話がしてみたいなって思ってたんですよ。

坂本　100年に1度の危機なんて言ってるけど、ぼくはこの500年の見直しだと思ってるのね。資本主義って結局、大航海時代からはじまるヨーロッパ近代のシステムでしょう。だからもう近代そのものと言ってもいいわけで。今度の金融危機は、何か新しいものが見えてくるきっかけになるんじゃないかという期待もある。

中沢　資本主義全体のひとつの曲がり角として見直さなきゃいけない。これまでにもそういう動きは散発的には出てたんけど。

坂本　ミヒャエル・エンデが経済システムの変革を訴えていて、日本でも『エンデの遺言』（1999年）というテレビ番組が放映されて、一時、地域通貨が流行ったりもしたんだけど、最近は下火になっちゃった。万物は滅ぶ。だけどお金だけは変化しないで、自然と乖離してしまっている。そこで「減価する貨幣」ということをはじめて言った思想家がシルビオ・ゲゼル。食べ物が腐るのと同じように、どんどん朽ちていくお金。もってると価値が減っていってしまうから、早く使ったほうがいい。それによってお金が社会のなかで還流する。

中沢　ゲゼルは、貨幣は人間本性から離れていると語ってるでしょう。そういう人間本性に逆行しているような存在に、人間は支配されている。この500年間の資本主義を見ると、ときどき恐慌があったりして揺り戻しがあって、循環のなかでやってたんだけど、この十数年というのは、この循環からはずれていて、とくに金融商品のつくり方に典型的にあらわれているわけですよね。人類の20万年のスパンで見ると、人口が最後に一気に増加してるのとよく似た現象を経済が示している。価値というものを、どうやってとらえなおすか、それがいちばん重要になっていると思います。生命とか芸術とかいうものを含んだ大きい価値があって、そのなかの一部として交換価値が出てくるんだけど。

坂本　数字で扱える価値。

中沢　いまはそればっかりになってる。だから、価値論というのをもう一度、つくり直していかないといけない。そうすると、富という概念が出てくるんですね。

坂本　富というと、真っ先に思い浮かぶのが、女性の出産ですね。

中沢　等価交換がベースではない経済学を考えてみると、いちばん近いモデルは重農主義（フィジオクラシー）じゃないかと以前から思ってたんですね。重農主義は、自然が増殖して人間に贈与してくれる「純粋な自然の贈与」をベースに据えている。

坂本　農業にはその感覚がありますね。1粒から100粒になるというのは、自然からの贈与だよね。

中沢　フィジオクラシーの語源はphyseos（自然）＋kratesis（支配）で、「人間の行為は自然に支配されている。だから人間本性により近い自然の秩序にそった経済や社会をつくろう」という意味なんですよね。増殖していく自然を基盤として経済システムを考えているんだけど、これがアダム・スミス以降の経済学では切り捨てられている。

坂本　重農主義と日本の農本主義って関係してますよね。

中沢　近いんですけど、ぼくはそのあたりのことは少し離しておいたほうがいいかなって思ってます。日本人はフィジオ（ギリシャ語ではピュシス）を「農業」と訳してしまった。だけど、農業だけがその働きをおこなうわけじゃなくて、生命や芸術や、われわれが重要な富としているほとんどのものがフィジオクラシーの考えた原理によっているわけですね。本主義の場合、いくつかのいいところもあるんですが、たどりつく場所が農業という産業形態に限定されてしまうところに、いちばんの問題点があると思います。農業だけが神話的なユートピアみたいに考えられちゃって。

坂本　なるほどロマン派なんですね。

中沢　ありえないんですね。これをはっきり分けておかないと、せっかく縄文をやったのに、なんにもならないってことになりますからね。

Y染色体が示す多様性

坂本　最近はDNAの分析を人類学に応用する研究が進んできましたね。とくにY染色体という父方からの遺伝様式の分析によって、10〜20万年ほど前にアフリカに誕生したホモ・サピエンスが、どのように地球上を移動してきたか、その歴史がかなり詳しくたどれるようになってきた。崎谷満さんという分子生物学者の『DNAでたどる日本人10万年の旅』（2008年）という本がすごくおもしろかったんだけど、縄文人に由来すると考えられているD系統というY染色体は、いまだに日本人にかなり多いんですって。しかも、アフリカを出発したヒト集団が全世界に移動して分布したわけですけど、アフリカから出た3つの系統（C系統、DE系統、FR系統）が日本列島に残っている。ほとんどの地域は2つの系統だけだから、これはかなり特異なことらしい。「Nature」の記事で読んだんだけど、中南米では、先住民族の男性のDNAはほとんど残ってないんだって。つまり殺されたってこと。DNAの種類も少ない。ところが日本列島は、こんなに狭い土地なのに、ものすごく多様。集団同士の殺し合いが少なかったんだね。

中沢　「まあまあ」って（笑）。

坂本　だから、縄文人がいたところに弥生人がやってきて侵略して、みな殺しにして、ということではなかったようです。ぼくらが推測していたことが、DNA研究からもわかりつつある。

中沢　アメリカの先住民族とヨーロッパからやってきた白人の場合は、ものすごい技術差があったけど、縄文人と弥生人のあいだには、あんまり落差はなかったし、ある意味では縄文人のほうが進んでいたんではないですかね。

坂本　最近では、江南（揚子江の中下流域の南側一番）から水稲耕作の文化が伝わったという説が有力になっているでしょう。おもしろいのは、日本人のDNAを調べると、江南人のDNAは少ない。ということは、少ない集団で来たけれども、稲作の文化は短いあいだに日本列島中に伝播したらしい。

中沢　日本語の起源はドラヴィダ語族のタミル語にあるとした大野晋先生の説も、トンデモみたいに言われたけど、可能性は十分あるんですよね。

坂本　ドラヴィダ語族は南インドでしょう。日本とインドの一部だけに残っているY染色体もあるし、日本とチベットだけに多いY染色体もあったりするし、そこに共通する古代の文化が残っているというのも、当然といえば当然じゃないかな。

さらに弥生、古墳時代へ

中沢　坂本さんと旅をした後、縄文時代以降にもだんだん興味が湧いてきたんですね。それで弥生、古墳時代のことを調べようと思って、このところ田中（基）さんと一緒に何度か奈良を歩いてるんです。邪馬台国が三輪山のふもとの纏向《まきむく》だということは、だいたいわかってきたでしょう。纒向から、山中《さんちゅう》と呼ばれる山のほうまであちこち歩きまわって。

坂本 卑弥呼は3世紀くらいですか。

中沢 そう。最近の調査でわかったのは、纒向のあたりには立派な水路があったんです。大阪湾から遡上すると、大和川は奈良盆地にたどりつきますが、そこで運河で分水させて纒向へ見事に運び込んでいる。邪馬台国自体が国際的な市場なんです。市場を支配するのは「市姫」という女神ですが、卑弥呼はそういう性格の女性だったんじゃないでしょうか。異民族による征服とかではなくて、市場の発達から国家が誕生したというのが、日本という国の不思議な性格ですね。卑弥呼の墓だと言われている箸墓は、運河に面するところにつくられている。

坂本 邪馬台国と7世紀の大和朝廷は、ぜんぜんちがうものでしょう？

中沢 ぜんぜんちがうってこともないみたいだけど、断絶はしています。7世紀になると、自分たちの過去を国家神話として創作するじゃないですか。

坂本 いろいろな部族の神話を取り込んで。

中沢 その頃の奈良盆地では、山中の人々、つまり縄文系がものすごい勢力で接近しているわけですね。古墳で水の儀礼をやるんです。折口信夫が「水の女」という論文でそのことを書いていますけど、葬送儀礼のとき、水の女というのが登場してくる。龍神も出てくる。東大寺も山中の勢力圏ですから、お水取りは、どう見ても関係している。

坂本　お水取りの儀式には修験者もかかわってましたね。

中沢　山間部では縄文系の勢力が強いんですが、そこで重要になってくるのが水銀です。水銀が大和朝廷の権力の源になってきます。東大寺の大仏も、大量に水銀を使っていますね。そういうつながりが見えてきたこともあって、縄文からもう少し先までを見てみようと思ったんです。縄文をやったおかげで、古墳時代以後のことも見えるようになってきた。坂本さんも一緒に行きましょうよ。

坂本　ぜひ行きたいですね。古墳時代、豪族が群雄割拠するなかで、どうして大和族が日本を国家統一できたのかというのは、たいへんおもしろい問題ですからね。

（東京にて　2009年7月20日）

奥入瀬渓流温泉に平成の名
露天風呂「八重九

旅のしおり

諏訪

鎮大神社の境内には、子どもの誕生の報告と御礼のための扇が奉納されている。扇には、真綿を薄く伸ばしてつくった胞衣のようなものが付く。中沢の『精霊の王』(講談社)に詳しい。

井戸尻考古館

長野県諏訪郡富士見町境七〇五三

縄文中期前半の井戸尻遺跡群から出土した土器・石器、石棒など約2800点を所蔵、展示。1974年開館。土器の文様を解読し、縄文人の世界観や神話を解説する。平安時代から中世の資料を展示する富士見町歴史民俗資料館も併設。井戸尻遺跡は史跡公園として整備され、復元家屋や季節の花も楽しめる。

諏訪大社上社本宮

長野県諏訪市中州宮山一

信濃国一の宮。全国にある諏訪神社の総本社。殿は上社本宮と上社前宮、下社秋宮と下社春宮の四宮に分かれる。上社本宮の祭神は健御名方神《たけみなかたのかみ》。狩猟神、農耕神、武神として信仰される。申年と寅年の4月から6月にかけておこなわれる御柱祭《おんばしらさい》は、山から切り出した御柱を氏子たちが曳き、各社の四隅に立てる神事。

諏訪大社上社前宮

長野県茅野市宮川二〇三〇

諏訪大社4社の中でもっとも古い由緒をもつ。健御名方神が出雲から諏訪に入った際に、最初に鎮座した地。上社前宮の祭神は、中世ではミシャグチ神、現在は八坂刀売神《やさかとめのかみ》。4月15日の御頭祭《おんとうさい》では、上社本宮から前宮へ神輿の渡御の後、神輿は前宮の十間廊に安置され、神饌と御杖柱を供えて神事をおこなう。

茅野市神長官《じんちょうかん》守矢史料館

長野県茅野市宮川三八九一一

諏訪大社の祭祀を司ってきた神長官の守矢家。諏訪大社の祭礼に関する文書、武田信玄の書状など、守矢家に伝わる文書や資料を所蔵・展示する。江戸時代の御頭祭の神饌の展示は、菅江真澄のスケッチにもとづく復元で、鹿や猪の頭部、兎などが並ぶ。建物は諏訪出身の建築史家・藤森照信氏による設計。1991年開館。

鎮大《しずめだい》神社

長野県上伊那郡辰野町大字沢底一八五六

祭神は、少彦名命《すくなひこなのみこと》。地元では虫封じや眼病に霊験あらたかな神様として信仰を集める。本殿は、江戸時代の宝暦年間に地元の加藤吉左衛門重家によって建造され、のちの工匠の手が加わったもので、いたるところに彫刻が施されている。末社としてミシャグチ神を祀る。

葛井神社

長野県茅野市ちの上原

葛井は久頭井、楠井、久須井、槻井とも書かれ、祭神は槻井泉神。古くから諏訪大社の末社で、前宮と関係が深い。大晦日の深夜には、前宮において一年中の神事に手向けた幣帛、榊などを葛井神社へ運び、葛井の池に投げ入れる「御手幣《みてぐら》送り」がおこなわれる。

若狭三方縄文博物館

若狭・敦賀

若狭三方縄文博物館
福井県三方上中郡若狭町鳥浜一二二ー一二ー一
三方湖に面する縄文ロマンパーク内に位置し、鳥浜貝塚、ユリ遺跡など付近の縄文遺跡と出土品を紹介、展示する。２０００年開館。初代館長は哲学者の梅原猛氏。鳥浜貝塚は縄文草創期から前期の遺跡で、低湿地で天然の冷蔵庫のような状態だったため、木製の道具、植物繊維を編んだ網、衣類など有機物も腐らずに残っており、「縄文のタイムカプセル」と呼ばれる。

氣比《けひ》神宮
福井県敦賀市曙町一一ー六八
北陸道の総鎮守。７０２（大宝２）年、文武天皇が社殿を造営。伊奢沙別命《いざさわけのみこと》（気比大神）を主祭神として７柱を祀る。気比大神は食物をつかさどる神様。境内には、「つるが」という地名のもとになった都怒我阿羅斯等《つぬがあらしと》などを祀る角鹿《つぬが》神社がある。７月22日の総参祭《そうのまいりのまつり》では、本殿から７柱の神々が舟神輿に乗り、常宮神社まで海を渡る。

常宮《じょうぐう》神社
福井県敦賀市常宮
祭神は天八百萬比咩命《あめのやおよろずひめのみこと》、神功皇后、仲哀天皇など７柱。天八百萬比咩命は養蚕の神として信仰される。神功皇后が三韓征伐に際してこの地で海路の無事を祈願したことから航海や漁業の守護神として、またこの地で腹帯を着けたことにより応神天皇を無事に出産したとの伝えがあることから、安産の神としても信仰される。豊臣秀吉の命により奉納された朝鮮鐘（国宝）がある。

福井県立若狭歴史博物館（**旧 福井県立若狭歴史民族資料館**）
福井県小浜市遠敷二ー一〇四
考古学関連を中心とした展示であったが、中・近世の歴史関連なども拡充して近隣の若狭地域の歴史・文化を幅広く紹介する展示へ転換を図り、２０１４年（平成26年）７月18日に「福井県立若狭歴史博物館」に改名して新装開館した。「みほとけ」「祭りと芸能」「歴史」の３分類からなる展示となり、現在も続く祭礼関連の展示も行われている。

神宮寺
福井県小浜市神宮寺三〇ー四
７１４（和銅７）年、元正天皇の勅願で、僧・滑元により開創と伝わる。当初は神願寺と称した。天台宗の寺だが、本堂と仁王門には注連縄が張られる神仏混淆。本尊は薬師如来。近世まで若狭国一の宮、二の宮の若狭彦神社、若狭姫神社の神宮寺だった。

鵜の瀬
福井県小浜市下根来
遠敷川の中流、東大寺二月堂の若狭井へお香水を送る場所。３月２日には、神宮寺から鵜の瀬まで松明行列が続き、神宮寺の僧が送水文を読み上げ、お香水を注ぐ。

奈良・紀伊田辺

熊楠邸に隣接する南方熊楠顕彰館。

東大寺

奈良県奈良市雑司町四〇六ー一

華厳宗大本山。本尊は「奈良の大仏」として知られる盧舎那仏《るしゃなぶつ》。奈良時代（8世紀）に聖武天皇の発願により盧舎那仏が鋳造され、大仏殿などの伽藍が建立された。兵火や天災を経ながら復興をとげ、多数の文化財を有し、天平文化の粋を伝える。

南方熊楠記念館

和歌山県西牟婁郡白浜町三六〇一ー一

南方熊楠の資料約750点を保存、展示。標本整理用のトランクや愛用の顕微鏡など遺品も多数。1965年開館。番所山の頂上付近に建ち、屋上の展望台からは神島をはじめ田辺湾を一望できる。敷地内に、昭和天皇の詠んだ「雨にけふる神島を見て紀伊の国の生みし南方熊楠を思ふ」の歌碑がある。

歓喜神社（**阪田神社**）

和歌山県西牟婁郡白浜町

正しくは阪田神社、一般に歓喜神社と呼ばれる。古墳時代の阪田山祭祀遺跡から発掘された、女男陰陽が彫刻された岩盤がご神体。祭神は伊邪那岐命《いざなぎのみこと》と伊邪那美命《いざなみのみこと》。夫婦和合、縁結びの神様として信仰される。隣接する白浜美術館には多数の歓喜仏を展示。

闘雞神社

和歌山県田辺市湊六五五

祭神は伊邪那美命ほか15柱。社伝によれば、419（允恭天皇8）年、熊野権現（熊野本宮大社）を勧請し、田辺の宮と称したことが起源。源平合戦の際、熊野別当の湛増《たんぞう》が、どちらに味方すべきか、神社本殿の前で紅白の鶏を闘わせて神意をたずねたという故事から、その名がついたと言われる。

高山寺

和歌山県田辺市稲成町三九二

真言宗御室派。寺伝によれば、聖徳太子の開創で、空海の中興という。田辺市街と田辺湾を見下ろす高台に位置し、境内には縄文早期後半の高山寺貝塚が見つかっている。南方熊楠の菩提寺。

南方熊楠顕彰館

和歌山県田辺市中屋敷町三六

熊楠の研究、メッセージを広く伝えることを目的として2006年に開館。蔵書や書簡、ノートや日記、遺物など約2万5000点の資料を保管、新しい研究成果とともに紹介している。熊楠の生涯や業績を紹介する常設展示のほか、企画展や講演会などを随時開催。南方熊楠邸も見学可能。

なげきの森に包まれるようにして立つ蛭児神社。

山口・鹿児島

山口情報芸術センター
山口県山口市中園町七ー七
劇場、ミニシアター、展示スペース、市立中央図書館を併設する複合文化施設。２００３年開館。コンピューターや通信技術などメディア・テクノロジーを駆使したアート作品の展示、演劇やダンスの公演、映画上映、ワークショップなどを開催。

鹿児島県上野原縄文の森
鹿児島県霧島市国分上野原縄文の森一ー一
縄文早期の２つの時期（約９５００年前と約７５００年前）の定住集落跡である上野原遺跡。その遺跡を保存、活用するため整備された施設。２００２年開園。園内は、出土品をもとに多角的なテーマ展示をする上野原縄文の展示館をはじめ、復元集落、遺跡保存館、地層観察館などの見学エリアと、体験学習館などの体験エリアがある。

鹿児島神宮
鹿児島県霧島市隼人町内二四九六ー一
大隅国一の宮で、大隅正八幡宮ともいう。祭神は彦火火出見尊《ひこほほでみのみこと》、后神の豊玉比売命ほか。近くに安産の神様として信仰を集める石体神社があり、彦火火出見尊の宮殿・高千穂宮跡で、その地が鹿児島神宮の起源だと言われている。鈴飾りをつけた数十頭の馬と人が音楽に合わせて踊る初午祭が有名。10月には隼人族の鎮魂のための「隼人浜下り神幸祭」という神事あり。

蛭児神社
鹿児島県霧島市隼人町内
祭神は蛭児尊。伊邪那岐命と伊邪那美命の子・蛭児が天磐櫲樟船《あまのいわくすぶね》で流されてたどり着き、その船から枝葉を生じて巨木になったという伝説のある地。この付近一帯はかつて「なげきの森」と呼ばれた。神社の前には、西郷隆盛が狩りのときに滞在した農家を移築した「西郷どんの宿」がある。

鹿児島県歴史・美術センター黎明館
鹿児島県鹿児島市城山町七ー二
明治１００年を記念し１９８３年に開館。鹿児島の歴史と文化を紹介。1階では、原始から現代までの歴史を編年的に紹介。２・３階では、歴史、民俗、美術・工芸の部門別に実物資料を展示。敷地は江戸時代の鹿児島城（鶴丸城）の本丸跡で、壕や石垣などが残る。

鹿児島市立ふるさと考古歴史館
鹿児島県鹿児島市下福元町三七六三ー一
１９９７年開館。旧石器時代から近世までの鹿児島の歴史を紹介するほか、鹿児島ではじめて考古学的な発掘調査をおこなったイギリス人医師で考古学者ニール・ゴードン・マンローの姿をしたロボットが考古学の魅力を語るコーナーも。縄文草創期の掃除山遺跡を大型模型で再現する。

小牧野遺跡

青森

八戸市縄文学習館（是川遺跡）
青森県八戸市大字是川字中居三－一
縄文晩期の中居遺跡、前期・中期の一王子遺跡、中期の堀田遺跡の総称が是川遺跡。出土品約5000点を収蔵、展示する八戸市縄文学習館。土器、石器のほか木製品も多く、漆塗りの櫛や弓など漆工芸の技術の高さに目を見張る。

六ヶ所村立郷土館
青森県上北郡六ヶ所村大字尾駮字野附五三五
縄文草創期の表館遺跡をはじめ、縄文時代の遺跡が多数見つかっている六ヶ所村。それらの出土品をはじめ、むつ小川原開発などの大規模開発に伴い行われた発掘調査によって発見された縄文時代の遺物の保護・保存を主な目的として建設され1993年開館。縄文時代の生活を再現したジオラマなどの考古展示のほか、地元の漁具、農耕具などの民俗展示も。

三内丸山遺跡内
青森県青森市三内丸山三〇五
縄文前期から中期にかけて定住生活が営まれた大規模な集落跡。クリの巨木を使った大型掘立柱建物跡や、道の両側に土坑墓が並び東西に420m以上ある大規模な墓地など他には例を見ない。膨大な土器や石器のほか、土偶、岩偶、骨角器、木製品、漆器などが出土。遺跡公園として公開され、展示室や復元建物がある。

青森県立美術館
青森県青森市安田字近野一八五
三内丸山遺跡に隣接。2006年開館。棟方志功、斎藤義重、工藤哲巳、寺山修司、成田亨など青森ゆかりの作家の作品に加え、荒川修作、今井俊満などの国内作家やピカソ、マティスといった海外作家の作品を収蔵。三内丸山遺跡の発掘現場から着想したという土壁と白い壁で構成された建物は、建築家・青木淳による設計。

小牧野遺跡
青森県青森市大字野沢字小牧野
縄文後期前半につくられた環状列石を中心とする遺跡。付近の川から運ばれた約2900個の石によって直径35m、29mの内帯、2・5mの中央帯の三重の環を形成し、縦横に石垣状に組まれる。土器棺墓、土坑墓群、貯蔵穴群などが確認され、石器や土器のほか三角形岩版、土偶など祭祀性の強い遺物も出土。冬季は積雪のため見学不可。

新《しん》版《ぱん》 縄《じょう》文《もん》聖《せい》地《ち》巡《じゅん》礼《れい》

2023年12月15日　第1刷 発行
2024年 2月21日　第2刷 発行

著者　坂本龍一　中沢新一

装幀　TSTJ Inc.

発行人　永田和泉

発行所　株式会社イースト・プレス
〒101-0051
東京都千代田区神田神保町2-4-7　久月神田ビル
Tel.03-5213-4700
Fax.03-5213-4701
https://www.eastpress.co.jp

印刷所　中央精版印刷株式会社

ISBN 978-4-7816-2274-3

本書は2010年5月発行の『縄文聖地巡礼』(木楽舎)に加筆・修正を加えた新版です。